保育士・幼稚園教諭のための

# 保護者支援

保育ソーシャルワークで学ぶ相談支援［新版］

これからの
保育
シリーズ

永野典詞・岸本元気 著

風鳴舎

## 格好の保育士応援の本

やっと出た！というのが本書を読んだ最初の感想でした。

保育士たちは現場で、さまざまな保護者への対応に苦労しています。

保護者が保育所や保育士を応援してくれるときほど嬉しいことはありません。しかし逆に、保護者から批判されたり非難されたりすると、一挙に元気がなくなり、仕事がつらくなります。

それほどに保護者との関係づくりは保育士という仕事にとって大きな意味を持っているのですが、保育士たちの多くは、養成校で保護者との対応の仕方の原則をそれほどしっかりと学んできたわけではありません。

こんな例があります。

ある園での電話相談です。ある母親が自分が子どもにひどいことをしているので辛い、と訴えてきました。あれこれひどいことしていることを例を挙げて述べたあと、彼女は「私ってやっぱり虐待しているのですよね、こんなひどいことをして」と同意を求めてきました。相談に乗っていた保育士は、返答に困り、とっさに「お母さん、お母さんみたいに自分は虐待しているのではないかと思っている人、最近多いんですよ。ほんと、たくさんいるんですよ。でもね、お母さん、お母さんは自分でこれではいけないと自覚しているではないですか。大丈夫ですよ、それだけ自覚していれば」と言って、お母さんを励まそうとしました。するとそのお母さんはどう言ったか。

「えっ、私みたいな人はたくさんいるんですか。へーぇ、そうですか。私ってたくさんいる中の一人なんですか。そうなんですか、ワンノブゼムなんですね、私って。わかりました。」と言って、電話をガチャンと切ってしまったのです。

その保育士は電話を突然切られてびっくりしてしまったのですが、どうしてそんなに怒らせてしまったのか、わからないといいます。

この本を読まれたみなさんは、どうしていけなかったか、わかりますよね。

ソーシャルワークの技法の中には個別性の原理というのがあって、他人と安易に比較して

はいけない、と厳しく言われています。それに反して、私のことをきいてほしいといっているのに、あんたみたいな人はたくさんいるから気にしないで、と答えてしまったのです。

　ソーシャルワークという考え、思想、技法から保育が学ばなければならないことはたくさんあります。

　知人の保育士でニュージーランドのファミリーセンターに興味があるといって、一人で見学に行った人がいます。日本の、ある保育園の子育て支援担当者でした。そのための勉強を兼ねて行ったのですが、彼の地のファミリーセンターにくる赤ちゃん連れの若い母親のほとんどが、施設長にどんどん質問してくるのでびっくりしたといいます。夕方その施設長に、あの人たちはいつも来ている人かと聞くとほとんどが初めてとのこと。「どうして初めての人がそんなに活発に質問できるのですか」と聞くと、「特に秘密はない。私たちは母親の自己決定を応援しているだけだ」と答えたと言います。

　自己決定。これもソーシャルワークの重要な技法です。相手が考えるのを応援する。こちらが気の利いたことを言ってそれに従わせるのは支援とは言わない。このこともこの本には詳しく書かれています。

　この本のすぐれている点は、こうしたソーシャルワークの考え方を、保育園を舞台に、具体例を大事にしながら、実にわかりやすく説明していることです。読んだ人は、みんな目から鱗の体験をするのではないでしょうか。ぜひ職場で広めてほしいと思います。

　なお、本書は、信頼する知人の青田恵さんが、保育者と子育てする親をなんとか応援したいと風鳴舎という出版社をつくったのですが、その風鳴舎が出す最初の本です。出版事情が必ずしもよくない中で、青田さんの意気込みをぜひ応援したいですね。

（汐見稔幸 @ 白梅学園大学）

# はじめに

## 保育者の保護者支援　－保育ソーシャルワークの視点から－

　現在、わが国の子育て環境は親が親として育ちにくい、子どもが子どもとして育ちにくい状況にあるといえるでしょう。その理由を簡単にあげると、まず、核家族化の進行や家庭・地域機能の脆弱化などにより、これまで家庭や地域で育まれてきた子育ての知恵（知識や技術）や助け合い（自助・共助）が継承されなくなったことで、子育てに悩んだり、不安を抱えたりする親が増えてきたことが一つの要因でもあります。

　また、わが国の経済状況の悪化による親のストレスや子育ての経済的負担など子育ての前に自身の生活に不安が高まっていることも子育てが難しくなっている理由の一つです。さらに、子育てに対するステレオタイプの考え方がいまだ存在し、「子育ては母親が責任をもってやるべきもの」であるとか、子どもの未成熟な（発達の遅れなど）行動に際して「親のしつけが悪い」など、子育て中の親、特に母親への期待？やバッシングがあるのも事実です。

　そのような中で親は、特に学校や社会生活の中で子育てを学んできたわけでもないにもかかわらず、子どもを産んだら、子育てはできて当然といった考えがまかり通る中で、子育てに奮闘しているのです。その結果、残念ながら子育てに不安やストレスを感じる親が多く存在します。同時に、子育てに関する知識、技術の未熟さなどから子どもへの虐待や不適切な子育ての実態があるのも事実です。

　上述したような子育て環境から、子育て、幼児教育、子どもの保育の専門職である保育士、幼稚園教諭、児童館保育士、認定こども園保育士（以下、保育者と略）には「保護者支援」「子育て支援」を行うことが求められるようになってきました。改訂保育所保育指針の告示化に伴い、法的にも、保育所・保育士には保育所における保育所に通園する子どもの「保護者への支援」「地域に暮らす子育て中の親への支援」を行うことが義務あるいは努力義務となっています。つまり、保育者は、これまでの子どもへの保育（ケア）と同時に保護者支援、子育て支援といった責務を担うことになったのです。

　しかしながら、実際に保護者支援といっても保育者は相談・支援の専門家ではありませ

ん。保育者養成課程においても相談・支援、すなわちソーシャルワークについては、それほど学びを深めてきたわけではなく、実践の場では手探りの状態であるといっても過言ではありません。

　そこで、本書は保育者の保護者支援について、保育ソーシャルワークの視点から保護者を支え、体系的・継続的に支援していく方法などについて事例や図解を示しながらわかりやすく解説しています。たとえば、保護者支援で最も重要な保護者との信頼関係の築き方や保護者に寄り添う意味、保護者との適切なかかわりなど、保護者を支える視点を示しています。また、「経験則や感」に頼った保護者支援ではなく、ソーシャルワークの視点を用いた保護者支援を目指しています。

　本書は、保護者支援に悩みを抱える保育者をサポートするような章構成となっています。まずは、そもそも保護者支援ってなんだろう？の疑問からお答えし、次に、日々の保育活動で活用できる支援の方法、保護者とのかかわり方を学ぶ構成になっています。保育施設における、新たな視点での保護者支援について本書を手にとり、今後の保育実践に役立てていただければと思います。

2014 年春　筆者

# 目次

## 第1章 保護者支援とは何かを考える　009

1. お母さんや家庭を支えること、それが保護者支援　010
2. 保護者支援・子育て支援とは　012
3. いまなぜ、保護者支援・子育て支援が重要なのか　014
4. 保育者に求められる保護者支援・子育て支援とは　016
5. 保護者のエンパワーメントを高める　018
6. 保護者が成長するための手立て　020
7. 保護者のニーズ　022
8. 保護者の困りごと　024

## 第2章 保護者との適切なかかわり　027

1. 自分の価値観、偏見を知る　028
2. 保護者のイメージ　030
3. 保護者との信頼関係　032
4. 信頼とは何か　034
5. 保護者との信頼関係がすべて　036
6. 相談中に別の人の話題を出さない　038
7. 相手の立場によって対応を変えない　040
8. 日々のこどもの成長をみつめる目　042
9. ほめるなら「大切な人の前」で　044

## 第3章 保護者の心に寄り添う　047

1. 一般論は、アドバイスにはならない　048
2. 考えながら話すと相手には届かない　050
3. 「ゆずれない部分」は誰にでもある　052
4. 保護者の目線のもう一歩先をみる　054
5. 保護者がほしいものは「時間」　056
6. 保護者だって「気になっている」　058
7. 「共感」とは積極的に伝えるもの　060
8. 「良くなる怖さ」も理解しておく　062

## 第4章 保育者のソーシャルワーク実践　065

1. 保育者は子どものケアの専門職（専門技術を生かす）　066
2. 保育者はソーシャルワークの専門職　068
3. ソーシャルワークとは何か　070
4. ソーシャルワークの原則　072
5. ソーシャルワーク技法（ケースワーク）　074
6. 保護者と社会サービスをつなぐ　076
7. ソーシャルワーク技法（グループワーク）　078
8. 経験と勘は頼りない　自分の間違いに気づく　080
9. 知識と技術の体系化　082

## 第5章 保育士に必要なコミュニケーションスキル　085

1. 言語的コミュニケーション　086
2. 敬語の使い方　088
3. 文章コミュニケーション　090
4. 保育者の思いを正しく伝える　092

| | 5 | 非言語的コミュニケーション | 094 |
|---|---|---|---|
| | 6 | うなずき | 096 |
| | 7 | アイコンタクト | 098 |
| | 8 | 相づちを打つ | 100 |
| | 9 | 表情 | 102 |
| | 10 | 質問する技術 | 104 |

## 第6章 特別な支援が必要な子どもの保護者支援　107

| | 1 | 支援が必要な子どもへのソーシャルワークの活用 | 108 |
|---|---|---|---|
| | 2 | 保護者目線での相談・支援 | 110 |
| | 3 | 早期発見・早期療育の難しさ | 112 |
| | 4 | 特別な支援（配慮）が必要な子どもへのかかわり | 114 |
| | 5 | 保護者のセルフヘルプ・グループの活用 | 116 |
| | 6 | 支援とは「治す」ことではない | 118 |
| | 7 | 輪のように「つなぐ」ことが大事 | 120 |
| | 8 | 「達成感」を感じる支援を心掛ける | 122 |
| | 9 | 「自己決定」を支えるのが役割 | 124 |

## 第7章 保育所保育指針から保護者支援・子育て支援を読み解く　127

| | 1 | 保育所保育指針と保護者支援・子育て支援 | 128 |
|---|---|---|---|
| | 2 | 保育所保育指針 | 130 |
| | 3 | 保育所・保育士の責務（法的根拠及び倫理綱領） | 132 |
| | 4 | 保育所・保育士の子育て支援 | 134 |
| | 5 | 今求められる保育者の保護者支援・子育て支援 | 136 |
| | 6 | 保育者の子育て支援の難しさ | 138 |

**付録**　保育所保育指針　保護者に対する支援　140

# 第1章 保護者支援とは何かを考える

# 1 お母さんや家庭を支えること、それが保護者支援

保護者支援は誰を支えることかを意識する

第1章　保護者支援とは何かを考える

## 保護者のイメージは？

　保護者支援というと、すぐに思い浮かぶのがモンスターペアレントやクレーマーといったマイナスイメージではないでしょうか。保育者や保育者養成校の学生などへのアンケートの結果からも、保護者に対して、良いイメージを持っていないことがわかります。

　背景には、これまでの保育所における保護者とのかかわりから生まれてくるというよりも、マスメディアや社会が保護者に対する情報のネガティブな部分をクローズアップして伝えることが多いからではないでしょうか。その結果、保育者の保護者に対するマイナスイメージは保護者支援の実践に明らかに影響を与え、保育者が保護者と適切なかかわりを持つことへの不安や、保護者を否定的にとらえることにつながっているともいえるのではないでしょうか。

## マイナスイメージからプラスイメージへ…

　そもそも保護者とはどのような存在か、しっかりと考える必要があります。つまり、保育者が保護者と適切なかかわりを持ちながら支援するということは、困りごとや悩みを抱える子どもの親である「お母さん」「お父さん」などに対して、保育者が寄り添い子育てを支えることではないでしょうか。お母さんの温かさ、子育てへのひたむきな姿、微笑みなど、プラスのイメージでとらえ、保護者支援につなげることが求められます。この点をしっかりと保育者は認識しておくことが重要となります。たとえば、悩みや子育てに不安を抱えるお母さんに「もっとがんばらないと」、と保護者をただ励ますだけではなく、助けたい、保護者と協力して子どもの育ちを支える、そんなプラスのイメージを持って保護者支援に取り組むことが重要な視点なのです。

　子育ての責任は親にあることは否定できませんが、同様に、子育ては社会全体で支えることも必要です。それが子育ての社会化であり、その、最前線にいるのが保育者なのです。

## 『保護者』と『お母さん』は同じでも、これだけ違う

### 思い描くイメージはこれだけ違う

その「キーワード」から20秒以内にイメージを書き出してみると…

**キーワード 保護者**
- クレーム
- 慌しい
- 気を遣う
- めんどう
- 自分勝手
- 注文が多い
- 忙しい
- 口をはさむ
- 細かい
- わが子だけ

**キーワード お母さん**
- 優しい
- 思い出
- 笑顔
- 抱擁
- ありがとう
- 温かい
- 厳しい
- 味方
- 一生懸命
- 大好き

こちらの視点で見ることが大事

お母さんのイメージで接すると自然と笑顔が出てくる

**Point**
- 「表情」は、自分が描く「相手のイメージ」を正直に表すので注意が必要。
- 「お母さん」だと思うと不思議に愛情がわいてくる。

## 2 保護者支援・子育て支援とは

保護者支援とは何かを考える

### 気軽に相談できる環境を整える

　保護者支援、子育て支援とは、子育てに困ったり、悩んだりしている保護者に対して保育者の保育に関する専門性を生かした、相談、助言、保育指導を行うことです。保護者が子育てについて「何をどうすればよいのか」、「よその子どもと違う」など、困りごとや悩みを抱えている場合に気軽に保育者に相談できる環境を整えることが、保護者支援のスタートラインになります。

　まず、保護者の不安に対して寄り添いながら一緒に考える姿勢が大切です。子育てについて「指導するといった上から目線」ではなく、子育てを「一緒に考え支える」といった保育者の姿勢や視点が重要です。悩みごとがあったら、いつでも、気軽に何でも相談できる環境を保育者自身も作っていく必要があります。それが相談のハードルを下げるということです。

### 保護者と子どもを支える姿勢が重要

　次に、保護者からの相談に際しては誠意をもって答えること、うまく答えられない場合は「後でしっかりと調べて答えます」など誠実であることも重要です。また、保護者の相談の多くは子どもに関することが大半を占めます。たとえば、子どもの発育、発達や保育内容など、子どもの様子をしっかりと把握し、子どもと保護者の双方を支えていく姿勢が求められます。

　子どもと保護者が日々の生活を笑顔で送ることができるように、保護者に寄り添い、困りごとや悩みなどを気兼ねなく相談できる環境を作り、保育の専門性とソーシャルワークの知識と技術を用いて保護者を支えていくことが保護者支援のポイントになります。

## 『保護者支援』は、その後もつながっていく

### 「保護者支援」は連続性を持つ

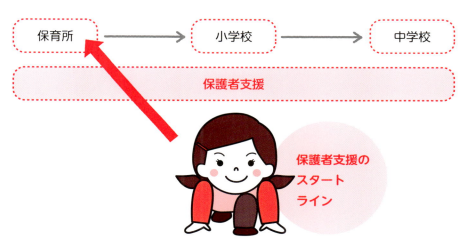

保育所 → 小学校 → 中学校

保護者支援

保護者支援の
スタート
ライン

保護者支援は、つながっている。そのため「最初」が肝心!!

### 保育所での「保護者支援」の役割

「相談」のハードルを下げること

↓

「相談しやすい」環境作りが大事

 Point

- 「相談」は、最初が肝心！最初の相談がうまくいかないと二度と相談されない。

- 相談が増えるのは小学校の時期。今は相談がなくても、これから増えていく。相談・支援の今がスタート。

保護者支援の必要性と子どもの育つ環境

# 3 いまなぜ、保護者支援・子育て支援が重要なのか

第1章 保護者支援とは何かを考える

## 子どもが子どもとして安心・安全に育つ環境の変化

　わが国の家庭を取り巻く環境は大きく変化してきています。そこでは、社会環境の変化、家族形態の変容、就労形態の複雑化などがあげられ、核家族化、地域社会の希薄化、家庭の貧困など、子育てを楽しみながら、生きがいを持って、人々と協力しながら子育てができる環境とはいえません。その結果、子育て不安や子育てによるストレスなどを抱える保護者が増加しているのも事実です。つまり、親が親として育ち、子どもが子どもとして安心・安全に育つ環境が失われつつあるといえるでしょう。

## 家族形態の変化による保護者の子育て不安

　また、少子化によって兄弟姉妹とかかわることなく育った親、地域の子ども同士のかかわりも希薄で、子どもの育ちを目にすることなく大人になった場合、子育てについての知識も技術も持ち合わせず、親になることもあります。そのような状況において、複雑で多様性のある子育てを一人で担っていくことが可能でしょうか。これまでは、祖父母や地域の人々のアドバイスやお手伝いによってまかなわれてきた子育てですが、現在は親（特に母親）だけが子育てを担う環境の中、誰かがどこかで、子育て中の親に対する手助けをすることは必然といえるでしょう。

　上述した子育て環境の中で、保護者は子育てに孤軍奮闘しているのかもしれません。悩みがあっても誰にも言えない、一人で抱え込む母親が多く存在します。ストレスから子どもの虐待につながるケースも少なくありません。そのような保護者を支え、寄り添い、子育て支援を行うことが期待されているのが保育者なのです。保育技術、子どもとのかかわり方といった保育指導から、保護者の心に寄り添い、ソーシャルワークの視点を持って保護者の問題や課題解決に取り組むことが求められています。

## 『子育て環境』の今と昔はこれだけ違う

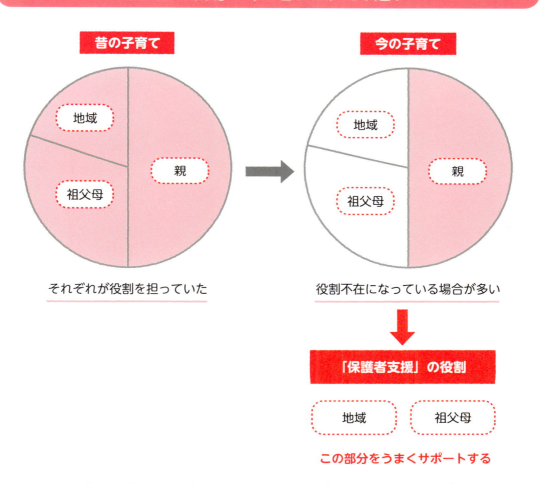

「地域」「祖父母」が担っていた部分をさまざまな方法で補うことが役割

Point

- 「子育て」を社会全体（親・祖父母・地域）で行うのは、今も昔も同じ。
- 支援を自分からは求めてこない保護者をいかにサポートできるかが『カギ』。

## 4 保育者だからできる保護者支援
# 保育者に求められる保護者支援・子育て支援とは

第1章 保護者支援とは何かを考える

## 保育の専門性を生かした子育て支援

　保育所・幼稚園等、保育施設では、子どもの保育と同時に、保育施設に通う子どもの保護者や地域に暮らす子育て家庭に対する支援が求められています。保育所保育指針では新たに第6章「保護者に対する支援」が設けられ、保育所における保護者への支援は、保育士等の業務であることが示され、その専門性を生かした子育て支援の役割が期待されていることがわかります。

## 日頃の子どもの保育と保護者支援の関係

　では、実際に保護者支援・子育て支援とはどのようなものなのでしょうか。重要な視点は、日頃の子どもに対する保育業務と保護者支援は深くかかわりを持っているということを理解しておくことです。保育に関する専門知識・技術をもって、保護者が求める子育て問題や課題の解決に対して、保護者の気持ちに寄り添いながら、相談、援助、保育の指導（保育技術指導）などを通じ、子どもと保護者の関係や、保護者の子育ての力（技術・知識）を高めていくことをいいます。

　また、地域子育て支援とは、児童福祉法第48条の3に示されているように、保育所には、地域住民に対して、地域における子育て支援活動と連携しながら、保育に支障がない限りにおいて、乳幼児等の保育に関する相談に応じ助言等支援をしていくことが求められています。保育所の特性や保育の専門性を生かした、子育て支援の取り組みが期待されています。

## 『子どもの保育』と『保護者の支援』は一体的なもの

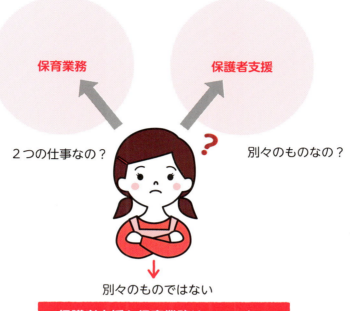

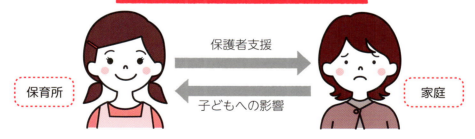

「保護者支援」は、最終的に「保育」に戻ってくる

- 「保護者支援」をすると、子どもが変わり、最終的に保育現場に戻ってくる。
- 「保護者支援」と「保育業務」は、車の両輪のようなもの。

保護者の力を引き出すのは保育者の手助けから

# 5 保護者のエンパワーメントを高める

第1章 保護者支援とは何かを考える

## 保護者の本来持っている子育ての力を引き出す

　保護者のエンパワーメントを高めるとは、保護者（親）が自らの子育てに自信を持ち、そして子どもの成長を楽しみながら子育てに主体的に取り組むことができるように保護者の子育ての力を引き出す支援のことです。つまり、保護者の相談を受けたり、知識や技術を伝えたりするだけでなく、保護者が潜在的に持つ子育ての力を引き出す（エンパワーメント）ことが重要となります。

　エンパワーメントとは、人が本来持つ自分自身の力を知り、そして自らがその力を発揮し問題や課題を解決していこうとするものです。悩みや困りごと、育児ストレスなどから不適切な養育をしてしまう保護者であっても、本来、子どもの親として子どもを愛おしみ、子どもの成長を心から願っている、そのような気持ちを引き出し強化していくための支援といえます。同時に、もう一つの視点として、保護者は親である前に個別性のある一人の人間であることを認め、一人の人間を支えるということも保育者の重要な役割です。

## 保護者の気持ちを肯定的にとらえる工夫

　保育者が保護者をエンパワーメントするためには、保護者と子どもに共感し、互いの気持ちを肯定的にとらえることが必要です。そして、保護者が保育者を信頼し、自身の胸の内を語ることができる関係性を築くことを目指します。そのためには、保育者は保護者に寄り添い、支え、適切なかかわりをすることが重要となります。そして、親子の絆を深めるための手立てを保護者と一緒に考え、継続して支援していくことを忘れてはなりません。特に、保護者がエンパワーメントするのは子どもの幼少期です。この時期に力を付けた保護者は小中高と子どもの成長にそって継続して力を保つことができます。

## 『エンパワーメント』は、高めあうサイクルを生み出す

保育者

保育者が
保護者の力を
引き出すと

保護者

保護者は
自信を持ち
子どもの力を
引き出す

**高めあうサイクル**

子ども

子どもがさらに
保育者の力を
引き出す

### エンパワーメント

保護者の子育ての力を引き出すことは、子どもの力を引き出し、そして、その子どもたちが保育者の力を引き出す「**幸せのサイクル**」なのです

**Point**

- 保護者の子育て力を高めると、回りまわって、保育者の保育力を高める。
- 大人でも子どもでも、人は、周囲や環境の影響を受けて、成長していく。

保護者の親としての成長を支える保育者

# 6 保護者が成長するための手立て

## 保護者の成長の手立て

　第5節では、保護者の子育ての力を引き出す、エンパワーメントについて触れました。本節では、具体的に保護者が成長するための手立てを考えます。

　保護者支援の一つの目的として、保護者の子育ての力を向上させることがあります。そこで重要なのが、保護者が現在、持っている**保護者自身の力に気づき、自信を持って子育てに取り組むことができるように支援する**ことです。たとえば、保育施設での子どもの何気ない日常生活の一場面から、「A君はお弁当の時間にお友達の落としたハンカチをさっと拾って渡してくれたんです。お家でもよく気がついてお母さんのお手伝いをしているのでしょうね。それもお母さんの優しさからくるのかな！」と保育者が観察したことについて、子どもの成長と家庭での子育て環境をほめ、認める言葉がけができます。このような、子どもの何気ない行動に対して、**子育てを認め、ほめることで保護者の自信となる**のです。

## 保護者の子育てを認め自信につなげる

　保育者は、普段から子どもや保護者の行動に着目し、気づき、意識していくことが大切です。そして、その行動を肯定的にとらえ保護者の自信や気づきにつながる言葉がけができることで、保護者は自身の子育てが共感され認められたと感じ、子育てに自信を持つことができるのです。保護者が成長するためには、**保育者が子どもや保護者の小さな成長（たとえ失敗であっても）を一つずつ丁寧に観察し、認め、うまく伝えていく**ことが大切です。

## 大人も子どもも『自信を持つための条件』は同じ

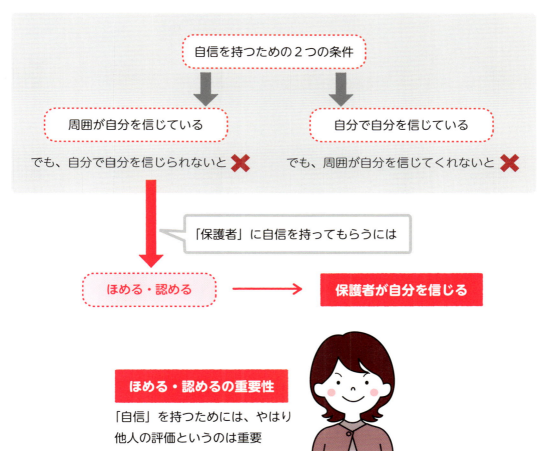

### ほめる・認めるの重要性
「自信」を持つためには、やはり他人の評価というのは重要

- 「子育てをほめる」とは、保護者の「生き方」をほめているのと同じこと。
- 自分の生き方に迷いや不安があると「子育て」にも自信をなくしてしまう。

## 7 まずは、保護者の思いを受け止める
# 保護者のニーズ

### 保護者のニーズを適切にとらえる

　保護者支援においては、保護者の立場に立ち、保護者のニーズを適切にとらえ、支援すること、かつ、当事者参画の視点を持つことが重要です。

　私たちはつい、自分のものさしで他人の行動を判断してしまいがちです。たとえば、保護者のニーズでもそれは、「わがまま」「到底無理な要求」「そんなことできるはずがない」など、保護者のニーズをとらえる前に保育者のニーズに対する考え方が優先されてしまうことがあります。まずは、保護者のニーズに耳を傾け、保育や子育ての専門家である保育者の知識や技術、これまでの経験を踏まえて保護者支援に取り組むことが必要です。個別性のある保護者を理解し、保護者のニーズに着目した支援を行うことも忘れてはいけません。

### ニーズの多様なとらえ方

　保護者のニーズには表明されるニーズだけでなく、表明されない潜在的なニーズもあります。問題を抱えた保育者の場合、表明されない潜在的なニーズを適切にとらえることが重要です。保護者は自身のニーズに気づかない、気づいていても、表明できないことがあるのです。保護者が気軽に何でも言える環境を作ることも保育者の役割といえるでしょう。そのためには、わがままやクレームととらえるのではなく、それもニーズかもしれないととらえることが必要です。わがままのものさしは個人の価値観によって異なります。たとえ保育者がわがままととらえても、保護者本人にとっては重要なニーズかもしれません。まずは、保護者の思いを受け止めることを意識することが求められます。

　さらに、保護者が主体的に問題や課題に取り組むことができるように、保護者が意識的に参画できる支援が必要です。保護者が自身のニーズに気づき、気軽にニーズを表明できる環境を作り、そして、保育者と保護者が信頼関係を築くかかわりが必要となるでしょう。

第1章　保護者支援とは何かを考える

## 保護者の『ニーズ』は、積極的にみつけるもの

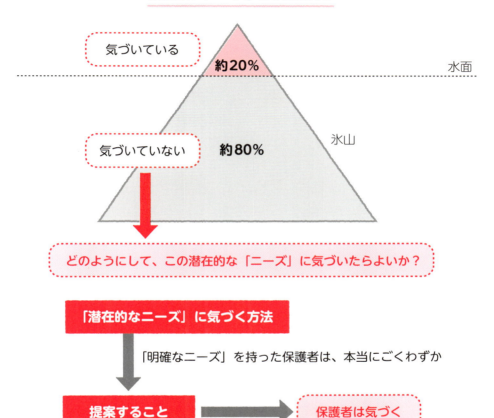

- 「ニーズ」とは、こちらから積極的に探るもの。
- 保護者は、「ニーズ」に応えてくれたからではなく、「ニーズ」をみつけてくれたことに満足する。

保護者の困りごとは人それぞれ

# 8 保護者の困りごと

第1章 保護者支援とは何かを考える

## 保護者の困りごとはいろいろ！

　保護者の困りごとは、それぞれに違いがあります。つまり、子育て中の親は皆同じ困りごとを抱えているわけではありません。まず、==保護者の困りごとは多様==であることを知らなければなりません。子どもの気になる行動でも、夜泣きなのか、言葉の遅れなのかなど、保護者は皆さんそれぞれに、たくさんの困りごとがあるかもしれません。

　そこで、保護者の困りごとに対応するためには、==保護者の個別性に着目==する必要があります。すなわち、保護者はそれぞれ違う存在であり、困りごとを抱えた保護者は皆、一緒という考え方をしてはいけないということです。

## 保護者に寄り添う

　では、どのような対応が必要なのでしょうか。==保育者が保護者個々人の話を傾聴し、受容、共感しながら、保護者の困りごとを探る==ことが必要になってきます。たとえば、「Aさんは言葉では、〇〇といっている、どうも〇〇について悩んでいるようだ」「Bさんは、何も言ってはこないが、この頃、元気がない。ちょっと様子を聞いてみよう」など、保護者の日頃の様子を観察し、関心を持つことから始まります。そして、「〇〇さん、最近、子育てはどうですか。困っていることがあったら、遠慮なく相談してくださいね」と保護者の==困りごとに寄り添う気持ちを伝える==ことが重要となります。

　そのとき、「〇〇さんも、同じ問題で困っていますよ、がんばって」などは禁句です。あくまでも、一人の困りごとを抱える保護者、一人の親への気配りが必要です。保護者の困りごとは、同一ではありません。もしかすると、自分の困りごとは他の人とは違うと感じている保護者もいるかもしれません。

　保護者に「一緒に困りごとを解決しましょう」といった眼差しを向けることも大切です。

## 『困りごと』に対応する際に忘れてはならないポイント

『困りごと』とは「プライベート」なもの

```
『困りごと』とは
      ↓
生活スタイルによって違う
      ↓
   個別的なもの
      ↓
子育てのこと・経済的なこと・家族の悩み
```

生きていく上では、さまざまな問題や不安がある

### 保育者が忘れてはならない3つのこと

① 個別性　② 潜在性　③ 可能性

困りごとは、個別的であり、表に出すことは少ないが、解決方法は必ずある

**Point**

- 「解決方法」があることを、常に保護者にはメッセージとして伝えることが大切。
- 困りごとの表出は、「北風と太陽」と同じ。暖かさ（温かさ）が大事。

# memo

# 第 2 章

## 保護者との適切なかかわり

# 1 自分の価値観、偏見を知る

保育者の価値観や偏見で保護者支援は変わってしまう

第2章 保護者との適切なかかわり

## 保育士の自己覚知が必要

　保護者とかかわる、あるいは相談を受ける上で最も大切なことは、**自身の価値観や偏見を知る**ことです。それはつまり、自分の持つ感情や心の動きの傾向について知ることです。自分の価値観と異なる保護者と出会ったときに、自分がどのような態度や感情を抱くかを知っておくことが重要です。自分の価値観が強いからこそ、偏見が生まれます。**自分の考え方の傾向や偏りを認め、修正する**ことが必要となります。

　保護者からの相談に対して、保育者の価値観や偏見は保護者との信頼関係を築く上で最も重要な意味を持つともいえるでしょう。たとえば、価値観の合わない保護者に対して、知らず知らずのうちに、態度や言葉がきつくなったり、否定的になったりすることもあります。また、あえて目をそらしたり、話しかけられないようにしたりすることもあるでしょう。その結果、保護者は自分を「受け入れてもらえなかった」、「否定された」など、保育者に対する否定的な感情を抱くことにつながります。保護者が保育者を信頼できない存在であると認識した場合は、適切な相談・支援を行うことは難しくなります。

## 保育士は価値観や偏見の修正が大事…

　人は皆それぞれに価値観に違いがあります。それによって偏見を持つこともあるでしょう。保育者が保護者と適切にかかわり支援していくためには、**自分自身を正しく理解し**、その偏りを認め、自分が取りそうな考え方や判断、行為、そしてそれがどこからもたらされているかを自分自身が理解し、修正しながら保護者と適切なかかわりを持つことが重要です。

## 自分の『価値観』や『偏見』を知るということ

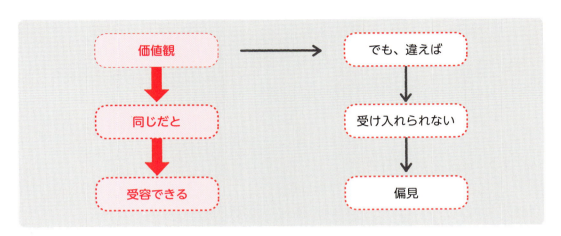

この「図式」を根本的に変えるためには？

「価値観」の違いはあって当然だと認識することが大事

価値観に「正解」は存在しないことを知る。

- 「思いの強さ」は、ときに柔軟性を失ってしまうことを常に意識しておく。
- 「価値観」の違いはあってもいいが、「偏見」は不要なものである。

保護者のとらえ方で保護者支援は変わる

# 保護者のイメージ

第2章 保護者との適切なかかわり

## 保護者イメージに惑わされない

　保育者は保護者をプラスのイメージでとらえているとはいいがたい現状があります。それは、第1章第1節でも述べたように、保護者のことをマスメディアなどの情報から与えられたモンスターペアレントやクレーマーといった対応しがたい嫌な人ととらえがちということです。また、普段の保育施設における保護者対応で、どうしても、マイナスなイメージを持ちやすい保護者の言動が記憶に残ってしまうからではないでしょうか。たとえ、==子育てに積極的で、保育施設にも協力的な保護者が多数==いたとしても、対応に苦慮するような少数の保護者の方が目立ってしまうことで、保護者イコール、クレーム、無理難題を言ってくる人といった、マイナスのイメージを持ちやすいとも考えられます。

## お母さん、お父さんのイメージは温かい

　実際に、筆者が保育者を対象としたアンケート（自由記述）でも、保護者に対してマイナスなイメージを持つ保育者が多く存在します。その結果として、保護者とのかかわりを苦手と考えたり、保護者と積極的にかかわることを避けたりしてしまうことがあります。また、マイナスのイメージは偏見や思考の偏りを生みます。偏見を持つことで、保護者をありのままに受け入れることや共感することを妨げてしまうのです。

　しかし、本来の保護者支援は、困りごとや、誰にも相談できずに悩みやストレスを抱えた==お母さんやお父さんに寄り添い、保育の専門性を生かす支援==なのです。子育てに一生懸命なお母さん、お父さん、温かな眼差し、厳しくも優しく子どもを育むお母さん、お父さん、そんな==プラスイメージを持つことから保護者支援は始まる==のです。

## 保護者を、常に「子どもの側」からみつめること

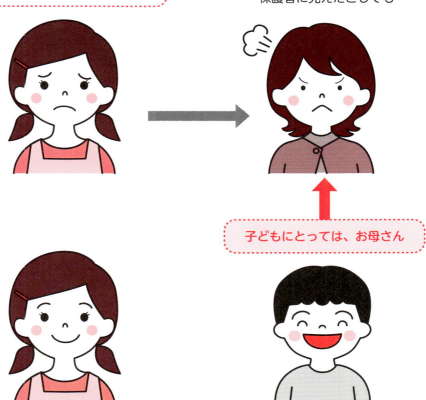

先生にとってマイナスイメージでも

たとえクレームの多い保護者に見えたとしても

子どもにとっては、お母さん

保育者は、常に子どもの側から保護者を見る目を持つことが大事。

Point

- 子どもにとって、一番悲しいのは、先生と親との対立であることを忘れてはならない。
- 「子どもの側」から保護者を見てみると、保護者の思いも見えてくる。

# 3 保護者との信頼関係

保護者支援の第一歩は信頼関係作りから

第2章 保護者との適切なかかわり

## 信頼関係の基本は保護者を一人の人間として尊重すること

　保護者支援では保育者と保護者が信頼関係を作ることが重要です。信頼関係ができれば、保護者はちょっとした悩みであっても気軽に保育者に相談することができます。このような保護者の相談に対するハードルを下げることが保護者の子育ての力を高めることにもつながります。

　信頼関係を作るためには、保育者から保護者が「自分のことを大切にしてもらっている」「寄り添ってもらっている」「私のことを理解してくれている」と実感してもらうことが重要です。そのためには、保護者一人ひとりの個別性を理解し、一人のお母さん、一人の人間として尊重し、尊厳を持ったかかわりをすることが必要です。その結果、保護者は自分のことを大切にしてくれる、寄り添ってくれると感じることができるのです。

## 信頼関係は相手に寄り添い理解すること

　信頼関係は保育者一人でできるものではありません。保護者と保育者の相互作用によって信頼関係は築かれていきます。そのためには、保護者と保育者が一人の人間として互いに認め合い、相手の思いに寄り添うことができて初めて信頼関係ができるのです。人間関係はこのような相互作用（互いの思いや言動、かかわり合い）から、信頼したり、あるいは、互いに反目したりすることになることを理解しましょう。

　そこで、保育者が留意する点は、保護者を大切にする、理解しようとする思いを持つことです。その結果、保護者に寄り添い、共感することが可能となり、信頼関係につながっていくのです。つまり、対人援助においては、信頼関係が「最初の一歩」であるといえるでしょう。

　信頼関係を築くための一つの学びとして、他者理解、自己理解、そして人権の尊重といったソーシャルワークの原理・原則、対人援助専門職としての倫理観の醸成も必要となります。

## 『保護者支援』の第一歩は「信頼関係」作りから

```
保護者支援
   │
その条件として
   ▼
「信頼関係」が必要  ← 最初の第一歩
```

「信頼関係」がないところに、「支援」は成立しない

### 「信頼関係」があるから支援できる

↑

保護者の側からみると

### 「信頼関係」があるから相談できる

保護者は気軽に保育者に相談したい

「私を理解してほしい
私をもっと大切にしてほしい」

**Point**

- 「信頼関係作り」は、相手への「思い」を持つことから始まる。
- 「相談すること」のハードルを下げる最初の行動は、笑顔と声かけから。

## 4 信頼とは何か

信頼し、信頼されることの大切さ

第2章 保護者との適切なかかわり

### 信頼関係は、まず、保護者を受け入れることから始まる

そもそも信頼とは何でしょうか。人間関係においてその関係をより豊かなものにすることが信頼です。つまり、その人（相手）を信じて安心し頼ることができること、それが信頼なのです。

相手を信頼する、あるいは相手から信頼されることは、他者を受け入れる（受容）、共感することから始まります。簡単なようで難しい、それが他者を受容することと共感することです。なぜ、難しいのか、それは、前にも触れているように、人それぞれの価値観の違いや偏見など、人には必ず思考の偏り（バイアス）があるからです。この偏りを自分自身が理解（自己覚知または自己理解）し、コントロールすることで、他者を受容し共感することができる力を身に付けることができるのです。

### 信頼関係作りは難しい？

ですが、人と人とが互いを認め信頼を築くことは容易ではありません。自分は相手を受け入れても相手は自分を受け入れてくれない、期待していたのに裏切られるなど人とかかわりを持つと信頼関係を阻害する要因が出てきます。たとえば、「これだけ一生懸命になっているのに、何でわからないの」「どうして、この前、言ったことを理解してもらえないの」など、相手に対して疑念が生じることも多々あります。しかし、信頼する、信頼関係を作るということは、それでも相手を信じ、受け入れる気持ちが重要になるのです。そのためには、相手の背景にちょっとだけ目を向けてみるのも良い方法です。相手にわかってもらえなかった場合、そこには何かしら背景があるのです。相手を責めるのではなく、まずは、受け入れる。そこから、信頼がスタートするのです。

では、信頼関係はどうやって生まれるのでしょうか。それは、相手を正しく知ること、そして、自分のことも正しく知ってもらうことです。お互いが相手のことを適切に理解し互い

に受け入れて初めて信頼関係が生まれるのです。信頼関係は、一人でできるものではありません。**相手と自分の相互作用**であることを理解しましょう。

そして、信頼関係を築くためには互いをよく知ること、つまり、**適切なかかわりと積極的なコミュニケーション**を図ることで、相手を理解し、自分を理解してもらうことにつながるのです。

## 本当の『信頼』、本当の『信頼関係』とは？

**一般的には**

相手への期待
↓
期待どおり
↓
信頼する

それ以上には発展しない

**しかし、**

相手への期待
↓
裏切り・期待はずれ
↓
信頼できない ✕　それでも
↓
受容し、理解する
↓
信頼する　← これが本当の意味での信頼
↓
**信頼関係**　← 信頼することで初めて「関係」が生まれる

相手には、感謝の思いが生まれる

**Point**

- 「信頼関係」ができ上がると、そこには「感謝」が生まれる。
- 「信頼関係」とは、「ギブ&テイク」ではなく、「ギブ&ギブ」の思いの産物。

**同じ出来事も信頼関係のあるなしで保護者の対応は変わってくる**

# 5 保護者との信頼関係がすべて

## 信頼関係作りは日頃のかかわりから

　保護者支援において、まず取り組まなければならないことは、保護者との信頼関係を築くことです。信頼関係が築けないと保護者支援の一歩を踏み出すことさえもできません。

　では、どうやって保護者との信頼関係を築くのでしょうか。それは、日頃の保護者とのかかわりがすべてだといっても過言ではありません。たとえば、朝、登園してくる子どもと保護者への「おはようございます」といった、明るい元気な笑顔での挨拶や、何気ない「お母さん、がんばっていますね」といった、いたわりの言葉がけ、さらに、「今日○○ちゃん、お友達と協力して七夕飾りを作ることができました。年少さんにもとっても優しいんです。」などと、子どもの様子を保護者に伝えること、そのような日々の保護者とのかかわりから、保護者との信頼関係が生まれます。

　また、保護者の苦情から信頼関係作りのきっかけも生まれてきます。たとえば、子どもの怪我について保護者から「うちの子、いつも怪我をして帰ってくるんですけど」など、保育所に対して暗に怪我が多い、どうなっているのかと、問われているような場面があります。そこで、保育者が子どもの発育・発達過程においては、転ぶこと、ぶつけること、など遊びや活動の場面で怪我をすることは子どもの成長にとって重要な経験であることを伝えることで、保護者との信頼関係作りにつながることもあります。

## 保護者と一緒に子育てをしていこうというメッセージを送る

　逆に、保護者とのかかわりが不適切、保護者の質問に適切に答えることができない場合は、当然、保護者との信頼関係を築くことができにくいということになります。保護者の不安を感じ取り、保育者の専門性を生かし、一緒に子育てをしていこう、といったメッセージを送ることが信頼関係を築くための基礎となるでしょう。

## 『信頼関係』とは「日頃のかかわり」が育てるもの

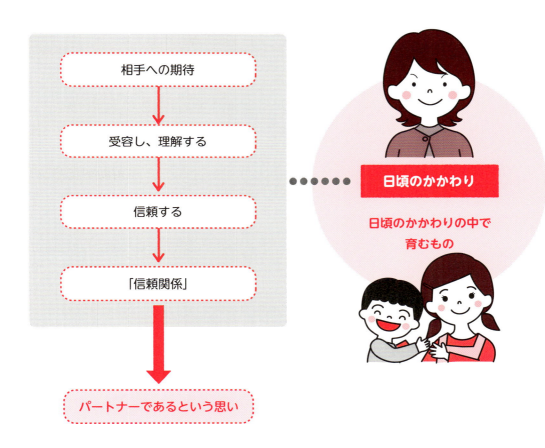

「一緒に子育てをしていくパートナー」であるという思いが保護者と保育者をつなぐ。

- 「パートナーである」という思いは、子どもにとって最高の贈り物。
- 「信頼関係」の第一歩は、まずは相手を受容し理解すること。

一人ひとりの保護者を大切にする

# 6 相談中に別の人の話題を出さない

第2章　保護者との適切なかかわり

 他の保護者の話をした途端に、ふさぎ込んでしまいました。

> ある保護者の方から相談をお受けしていると、その相談内容が、以前お受けした内容にとても似ていました。そこで、その保護者に「以前も似たご相談をお受けして、その際には、Aさんのお母さんは、積極的に対応されて、すごく早く解決されましたよ。そのやり方をやってみましょう。」とお伝えしたところ、急に落ち込んだ様子になり、ふさぎ込んでしまいました。驚いてしまい、「大丈夫ですよ！Aさんのお母さんもできたから、きっとできますよ。」とお伝えしたら、「もう、いいです。」と帰ってしまいました…。

## 「相談」とは、今の自分を認めてほしいという思いの表れ

　保護者の方からのご相談をお受けしていると、その方の悩みや問題と似た他のケースが頭に浮かんでくることがあります。そして、その保護者へ、その悩みや問題に対処する方法として他の保護者の例をご紹介する場合があります（もちろん、個人名や詳細を伝えることはありませんが）。「以前も同じようなご相談をお受けしたのですが、その際は、こうして対応されたらうまくいったようでしたよ。」

　一つの対応方法の提案として、ご紹介することは決して悪いことではありません。ただし、==一つだけ条件があります==。それは、==その方法をやるように強制しない==ということです。「そうした方がいいですよ」と伝えないことです。

　相談をお受けした先生としては、善意の思いで「こうした方がよい」という提案をされているわけですが、保護者にとっては「比べられている」ととらえてしまうことが実は、意外に多いのです。

　==「相談する」というのは、今の自分に自信が持てず、受け止めてほしい、認めてほしいという行動です==。そのため、ほんの小さな「他人の情報」というのが自分自身の「自信」を失う要因になってしまうのです。「やっぱり私は駄目なんだ・・」そういう思いを起こさせてしまうのです。他のケースを紹介することは、もちろん悪いことではありません。

ただ紹介するのであれば、それをやった「人」に焦点を当てずに、「やったこと」に焦点を当てて説明してあげましょう。

## 人の話で最も印象に残るのは、「他の人の話題」

自信を持てないときには、「自分は他の保護者よりも駄目なんだ」と思い込んでしまう

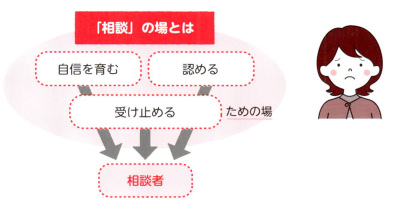

**Point**
- 「相談の場」とは、情報提供の場ではなく、「自信を持たせる」ための場。
- 似たようなケースがあったとしても、それは同じではないことを理解しておく。

## 7 相手の立場によって対応を変えない

保護者との適切な距離感

**事例** 「かかわりにくい保護者だから、敬意を払わない」は、NG！

園の方針や保育のやり方について、クレームの多い保護者がいます。とにかく、かかわりにくく、連絡事項を伝えるだけでも、かなり気を遣い、疲れてしまいます。他の保護者と同じように笑顔で対応しているつもりですが、気持ち的にはあまりかかわりたくないというのが本音です。どのように対応したらよいのか、いつも迷ってしまいます。

### 相談支援のベースには、「相手への敬意」がある

　それぞれの子どもたちが別々であるように、保護者もさまざまであり、置かれた状況や立場も異なります。そのため、相手の立場によっては、先入観を持ってしまうことも珍しくはありません。保護者支援を行う時、実は大切な「視点」があります。それは「相手をどのように見ているか」という点です。==相手がどんな人であれ、「敬意を払っているかどうか」、そこが重要なのです==。

　相手が自分よりも年齢が下であったり、立場が弱かったりすると、人は「敬意を払うこと」を忘れてしまいます。特に、ＤＶの加害者やいじめの加害者、クレームの多い保護者など、そうした方と対面する場合、ネガティブなイメージや先入観が先に立ち、敬意を払うという気持ちを忘れてしまいがちです。

　==「相談支援」のベース。それは、「相手への敬意」==です。どんな立場の人であれ、どんなに問題を抱えた人であれ、その方を==尊敬すること==、その方を==信頼すること==、その方を大切な人として、==丁寧に対応すること==、この３つは、忘れてはならないのです。

　「相手への敬意」という土台がなければ、その上にどんな技術や理論を乗っけたとしてもそれは、本当の「支援」ではありません。

　かかわりやすさや話しやすさという点で、保護者に対して「好感」を抱くことは問題ありませんが、保護者への支援という点で、そこに「差」をつけてはならないのです。

## 「かかわりにくい保護者」こそ、敬意をもって接する

### 「相手をどのように見ているか」

- 自分より年齢の若い保護者
- クレームの多い保護者
- 立場の弱い保護者
- 虐待の疑いのある保護者
- メンタル不調を抱えた保護者

相手がどんな立場であれ、「敬意を払っているかどうか」？

### 「相談支援」のベースは、「相手への敬意」

- 尊敬
- 信頼
- 丁寧に対応

「大切な人として、丁寧に対応すること」これはすべての基本。
どんな技術や理論も、これなくしては成立しない。

**Point**
- 「かかわりにくい」という思いは、思い込みや先入観が生み出している。
- 「尊敬」「信頼」「丁寧な対応」は、どんな人の心にも確実に届く。

## 8 日々の子どもの成長をみつめる目

保育者としての専門性とは

**事例** どんなに問題行動が多くても、子どもは確実に成長している。

> 若手の保育士の先生が、少し行動面で気になる点がみられる男の子の保護者と話をしていました。保護者との話の中で先生は、園での生活の中で、いかに問題行動が多いかを伝えているようで、保護者も申し訳ない様子で、頭を下げていました。「うちでも言い聞かせてみます。まったく成長しないんです・・」と少し寂しげに話されていると「そうですね、もう少し成長したらいいですよね」とその若手の先生は伝えていました。結局、終始、問題行動と家庭での対応のみの話で終わり、その子の良い点やできるようになったことなど、一度も話の中に出てくることはありませんでした。

### 保育者の専門性とは、「育ち」をみつめる視点

　保育者にとって、最も大切なもの。それは、子どもの「育ち」をみつめる視点です。「育ち」といっても、それは、「発達」ではありません。「発達」には、個人差がありますが、「育ち」はどの子も同じです。子どもは、すくすく日々育っているのです。

　保育者は、その日々の「小さな育ち」をみつけて、思わずにっこりしたり、嬉しくなったりそこに喜びを感じています。たとえゆるやかであっても、その「育ち」に喜びを感じられる心こそ、保育者にとって大切なのです。この視点は、保護者支援の場にとっても必要です。

　保護者から「問題行動」について相談を受けた場合でも必ずそこには、子どもの「育ち」が隠れているのです。ケース会議や何らかの問題を話し合う際に、どうしても「問題点」や「解決の手法」にばかり目を向けてしまいがちです。子どもの「育ち」をみつめる視点が埋もれているケースもたくさんみられます。

　保育者は、問題行動が多くみられる子の中にも、常に子どもの「育ち」があることを意識していなければならないのです。保育の専門性とは、この「育ち」をみつめる視点なのです。そして、保育者が保護者に伝えなければならないもの、それは「日々の育ち」なのです。

## 「相談支援」と「保育相談支援」の違い

**相談支援**

子どもの「育ち」をみつめる視点

「相談支援」に子どもの「育ち」をみつめる視点が加わって、初めて

**保育相談支援** になる

保育者は、保護者への「相談支援」の場でも「子どもの育ち」を常に意識した対応を心掛けることが大切

**Point**
- 保育者としての専門性とは、「問題行動」の中にも「育ち」をみつけられる視点。
- 保護者へは、「良い点」も「悪い点」もバランスよく伝えていくことが大事。

# 9 保護者の自己肯定感を高める
## ほめるなら「大切な人の前」で

**事例** 子どもの幸せそうな姿が、親の自己肯定感を育てる。

> 最近、少し落ち込んでいる様子の保護者に元気を出してもらいたいとお迎えのときに声をかけてみました。そして、日頃から感じている、保護者のがんばっている点や自分自身も見習いたいところを、素直に伝えてみました。すると、玄関でくつを履いていた子が、嬉しそうな表情で、「お母さん、すごいよね」と飛び跳ねながら喜んでいました。それを見たお母さんも、「お母さん、すごいかな」とその子に聞いてみると、「うん、すごい、すごい」とお母さんに飛びついていきました。帰り際にお母さんは、「元気になりました。ありがとうございました。嬉しかったです。」と笑顔で先生に声をかけていました。

### 「大切な人の前でほめてあげる」と自尊心は高まる

　子どもたちをほめてあげるときに、一つだけ、心掛けていることがあります。それは『大切な人の前』で、ほめるということです。たとえば、ある子の「いいところ」をみつけて、感動し、それを本人にも伝えてあげたいと思ったら、まず「子どもたち」の前で、ほめてあげます。そして、「保護者」の前でほめてあげます。そして、「他の先生」の前でももちろん、ほめてあげます。その子にとって**「大切な人」の前で、ほめること**にしています。実は、これが最も**「相手の自尊心を高めてあげる」ほめ方**なのです。

　これは、現場の保育士の先生をほめてあげる場合もそうです。子どもたちの前で、他の先生の前で、保護者の前で、を心掛けます。

　**保護者をほめてあげたり、保護者の自己肯定感を高めてあげたいと思えば、やはり、「子どもの前」でほめてあげることです**。人は、「誰かからほめてもらうこと」も嬉しいのですが、『自分の大切な人の前で、ほめてもらうこと』。実は、これが一番嬉しいのです。もちろん、それは子どもにとっても嬉しいものです。

第2章　保護者との適切なかかわり

## 「保護者支援」と子どもの支援はつながっている

せんせい、ママ、すごいでしょ！

子どもにとって、親をほめられることは、最高の喜びの一つ

**それは、親も同じです**

### 「大切な人の前でほめてあげること」が自尊心を高めていく

大切な人の前で、ほめてもらうと、人は自分自身が「大切にされている」という思いを抱き、自己肯定感を育んでいきます

**Point**
- 子どもも親も包み込むような支援を目指すことが大事。
- お迎えなどの短時間のかかわりの中でも、保護者を笑顔にすることはできる。

# memo

第 3 章

# 保護者の心に寄り添う

心を伝える。思いを伝える

# 一般論は、アドバイスにはならない

**事例** 経験が浅くてもアドバイスは、できるのでしょうか？

> まだ経験の浅い若手の保育士の先生が、保護者から家庭での子どもの生活習慣の指導方法について、どうしたらよいかとアドバイスを求められました。保護者は、とても子育てに対して不安感を持っているため、何かアドバイスをしてあげたいのですが、先生は、まだ保育者としての経験も少なく、また子育ての経験もありません。どのようにアドバイスしてあげたらよいか迷っています。経験不足の保育士であっても保護者へのアドバイスをすることはできるのでしょうか？

## 「アドバイス」とは、「当事者意識を持つこと」です

　「アドバイス」をするとは、何か「特別なもの」を相手に提供することではありません。どこからか調べてきたものや聞いてきたことを伝えるといったものではないのです。「アドバイス」。それは、『当事者意識を持つこと』なのです。一般的な「評論」をすることではないのです。

　「私だったら、どうするか」「私だったら、何をするか」。相手の状況に、もし自分が置かれたら、どう感じ、どう対応するか。それをイメージして、伝えてあげること。それが「アドバイス」です。

　一般的な考えや本に書いてあること。それは、決してあなたの「アドバイス」ではありません。相手は、あなたの「アドバイス」がほしいのです。「あなただったらどう感じますか？どうしますか？」それを求めているのです。正しい答えを探し出そうとしたり、失敗しない答えを探したりする必要はありません。あなたの思いや考えを、そのまま伝えてあげることです。最も相手に残念な思いを感じさせる「アドバイス」とは、「当事者意識の薄い答え」です。「一般的には」や「普通は」といった言葉です。それがどんなに「正論」であったとしても、あなたという「フィルター」を通していないアドバイスは、相談者からすると、やはり寂しいものです。

## 経験が浅くても「相談支援」は、できる！

「情報提供」も大切だが、支援者として大切なのは、相手への「思い」を持つこと

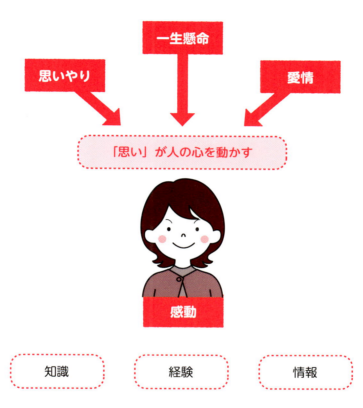

人の心を動かすのは、「知識」や「経験」や「情報」ではない。

Point

- 保護者が知りたいのは、先生の知識ではなく、自分の子どもに対する「思い」。
- 先生のアドバイスは、個人的な意見ではなく、「子どもの心の代弁」。

## 2 心を伝える。思いを伝える
## 考えながら話すと相手には届かない

**事例** 一生懸命伝えたはずなのに、なぜか気持ちが届かない。

傾聴して、受容しながら、相手の話や思いをしっかり受け止めて話を聴きながら、保護者が求めるアドバイスを一生懸命に考えて伝えたつもりなのですが、なぜか気持ちが届かないようで保護者がいつも不満げな表情で帰られます。相手の思いに適切なアドバイスをしようと考えながら話しているのですが、逆にそれがうまくいかない原因なのでしょうか？

### 考える「間」があるからこそ、言葉は、心に届く

　相手の話を聴きながら、頭の中でこんな風に考えていませんか？　「なるほど、あっそうなんだ」「あっ、次は、これを言おう」。頭の中で、相手には聞こえない『みえない自分』の声が、「次に話すこと」を考えていませんか？

　相手の話を聴きながら、自分の番がきたらこれを話そうと考えている状態。それは、相手の話に向き合っていない証拠です。確かに相手の話を耳で聴いてはいますが、あなたが向き合っているのは、あなたの「頭の中の言葉」です。

　もちろん、相手の話を聴きながら、その内容を理解して、それに応える言葉を考えることは必要なことです。でも、それは相手の話をしっかりと聴き取った後で行う行動なのです。

　ベテランの先生や相談経験が多い方ほど、相手の話を聴きながら、次の言葉を考えて、矢継ぎ早に返答しようとします。それは、自分自身は専門家なので、即答しなければならないという意識が働いているからです。

　相手に言葉を届けるためには、実は「間」が必要なのです。相手も、そして自分自身も考える「間」です。話しを聞いて、考える「間」を持つ。そして、相手に応える。これが、心に届く話し方です。その静かな沈黙の間に、言葉が心に届いていくのです。

　「間」を入れないと、文字通り、「間が抜けてしまう」のです。

## お互いの「思い」が伝わらない「面談」のパターン

そうだ、これ言おう。あと、これも伝えておかないと…。

でも

あの時、こうしておけばよかったと実は、後悔しているんです…。

**保育者の思い**
**アドバイスしなければ**

**話し手は、実は「自分」**
今の思いについて
解説しなければならないわ…

**保護者の思い**
**気持ちをわかってほしい**

**思いを話したい**
説明や感想は期待していない。
気持ちを受け止めてほしい…

**NG**
**次から次へとアドバイス**

会話が途切れてしまうのが怖いので、『間』が空かないように次から次へとアドバイスしてしまう

**Point**

- 「沈黙の時間」とは、「今あなたの思いを受け取っていますよ」というサイン。
- 聞き手の仕事は、「伝えること」でなく、「聴いてあげること」。

## 3 「ゆずれない部分」は誰にでもある

保護者の感情や思いに目を向ける

> **事例** 保育者と保護者の「描いているもの」は違うのです。
>
> 「保護者に子育てのアドバイスをしたら、ギクシャクしてしまって…」保護者へ熱心に対応してくれる、とても一生懸命なA先生が悩んで、主任保育士の先生にアドバイスを求めていました。「家庭と園との考え方が違うんです・・どうしたらいいでしょうか？？」。自分自身の伝え方が悪かったのだと深く反省し、落ち込んでいます。保護者へどのように説明したら、園の考えを受け入れてもらえるか、主任保育士の先生も頭を抱えています。

### 「自分の考え」を変えられそうになると誰でも感情的になる

『子育て』に関する考え方。おおむね、だいたいのところは違いはありません。しかし、「まったく同じであること」は、まずありません。それは、変えようのない「事実」です。

誰もが、価値観の違いや考え方の違いを持っています。そして、なるべくなら相手にも合わせたいと誰もが思ってはいます。ただし、「ゆずれない部分」という面が生じたときに、人は「自分の価値観」を押し通そうとします。それは、いたってごくごく普通のことです。

その「価値観」がぶつかるときに、どうしても「感情」が先走ってしまうことはよくみられます。そして、そこからなんだか嫌な雰囲気になる…。

「だから子育てについての家庭の方針に関しては、一切アドバイスしないんです。」そう、おっしゃる先生方も多くみられますが、それではますますコミュニケーションがうまくいかなくなってしまうのです。

『コミュニケーション』とは『足し算』です。決して『相手の考え』を『自分の考え』に入れ替えるものではありません。人がコミュニケーションの中で、嫌な気持ちになるフレーズがあります。それは『Yes, But』です。「そうですね、でも…」の「でも」です。肯定されながら、それを打ち消されることは、なんとも複雑な思いを生んでしまいます。それよりも『Yes, and』で話してあげましょう。「そうですね、（いいですね、）それにこうしたら、もっといいですよね」。

相手の意見に、自分の意見や考えをうまく、プラスしてもらうことで相手の『感情』を損なうことなく、こちらの意見や考え方も伝えることができるのです。

## アドバイスは保護者を変えることが目的ではない

### 「コミュニケーション」トラブル

そうですね、でも…

もう、何がでもよ！！

一生懸命に対応しても、「わかってもらえないこと」もある

保護者が「感情的」になった理由は、何かを考える

### 感情的になった理由

提案の内容ではなく、考え方を変えさせようとしたから

### 相手を否定せずに伝えるためには

「保護者の考え」はそのままに、そこに自分の意見をプラスする

**Point**
- 人は、他人から「変えられる」のではなく、自ら「変わる」ことを望む存在。
- アドバイスとは、考えを入れ替えさせるためのものではない。

保護者の感情や想いに目を向ける

# 保護者の目線の もう一歩先をみる

 保護者の「わかってはもらえない」という言葉の重さ

> 医療機関で、発達面の遅れを指摘された男の子の保護者が相談にいらっしゃいました。家庭では特に目立った点もなく気づかなかったようですが、園での集団生活の中で、問題行動が浮き彫りになったため受診され、ある程度、楽観視していた保護者も、かなりショックを受け、不安と動揺を隠すことができません。園としても、できる限り協力しながらやっていきましょうと話をしていますが、「私の気持ちは、わかってもらえません」といわれてしまい、言葉をかけてあげることができませんでした。

## 保護者の目線は、保育者よりもずっと先にある

　保育所の先生からの指摘や専門機関での診断の中で、自分の子どもに発達面での遅れがあることを伝えられると、保護者は、大きな不安を抱えます。最初のうちは、周りの子どもと比較する中での不安や、周囲から自分の育て方を非難されるのではないだろうかという『目の前の不安』なのですが、そのうちに「この子は、自分がいなくなってしまったら、暮らしていけるのだろうか？」「普通に就職したり、結婚したりできるのだろうか？」という『遠い将来への不安』となり、その途方もない不安の長さに押しつぶされそうになります。

　==保護者の目線は、保育所の先生の目線よりも、ずっとずっとはるか遠くにあるのです==。保護者の不安の声に向き合う中で、保護者の目線は、どのくらい先にあるのかを判断することが大切です。

　保護者は、先生の目線が「今、この時」だけにしか向いていないことに気づくと「どうせ、わかってはもらえない」という思いを抱いてしまいます。保護者の不安や思いを確認し、==「保護者の目線のもう一つ先をみる」視点を持つ==ことで、保護者は、先生に対して、自分の思いを共有してくれているのだという安心感を持つことができるのです。

## 「保護者の不安」には2つの「不安」がある

① **目の前の不安** → ② **将来への不安**

自分の子育てへの批判　　　一人で大丈夫だろうか

 先の見えない不安感

- 他の子と比較してしまう
- 周囲からの非難を怖れる

- 私がいなくて大丈夫なの？
- 就職したり、結婚できるの？

**Point**

- 保護者への支援は、「今、この時」と「これから先」の2つの視点を持つ。
- まずは、保護者との目線を合わせ、3年先を見据えた支援を心掛ける。

保護者の「ホンネ」を理解する

# 5 保護者がほしいものは「時間」

**事例** せっかく提案したのに、まったく興味を示してくれない…。

> 園での生活習慣が身に付かない子がいます。着替えたり、物を入れたりすることが上手にできません。そこで、生活習慣を身に付けるために、本で学んだ「スモールステップ」の考え方を使って、最初は、これ、次はこれと細かい行動に分けることにしました。家庭でも是非やってほしいと、お迎えに来た保護者へ細かなステップの内容と手順を詳しく説明してみたのですが、なんだか不機嫌そうな表情で、「すいません、忙しいのでまたにしてください。」と急いで帰ってしまいました…。せっかく提案したのにがっかりしました。

## 「ワン・アクション」でできるものしか提案しない

　保育士の先生は、子どもたちの日常生活を見ていく中、「家庭では、こうした方がいいだろう」という習慣作りのヒントが浮かぶことがあります。そして、お迎えに来た保護者へ「家庭でできる方法」を提案することがあります。

　園での生活習慣を身に付ける方法として、「スモールステップ」で、「できることをいくつかに分けて行い、一つずつできるようにしていく」というやり方があります。細かなステップなので、子どもにとっても理解しやすいものです。そのやり方をそのまま保護者への提案として伝えることも多いようです。

　「まず最初にこうやって、そして次にこうやって、最後は、こうやったら大丈夫ですよ！」そうした複数のステップやいくつかの行動が組み合わさった提案をすることがあるかもしれませんが、こうした複数のアクションを保護者に求めたり、提案してもなかなかうまくいきません。提案する先生は、その流れを全部理解しているので簡単に思えるかもしれませんが、やる方の保護者にとってはとても複雑なのです。もし、「なるほど！わかりました。やってみます。」と笑顔で答えたとしても、まずやってもらえることはありません。なぜなら、ホンネは「めんどう」だからです。

　提案には一つの原則があります。それは、「ワン・アクション」です。保護者にお願いや

依頼をする際には、ワン・アクションでできるものを提案することです。そうすれば提案された保護者にとっても、心理的な負担は少なくなります。「まずは」ではなく、「これ」を、やってみてくださいと、一つのアクションを提案することです。

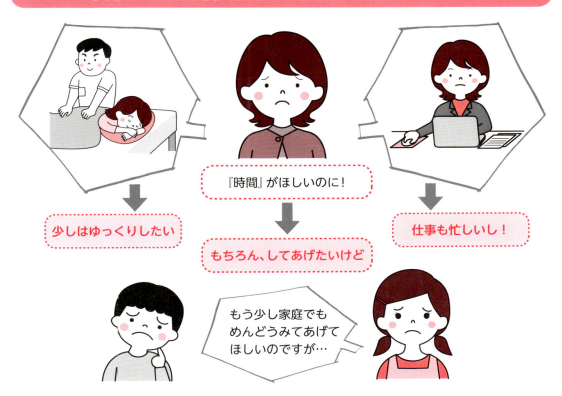

### 家庭での生活習慣の提案は、保護者の負担を考慮して

『時間』がほしいのに！

少しはゆっくりしたい

もちろん、してあげたいけど

仕事も忙しいし！

もう少し家庭でもめんどうみてあげてほしいのですが…

日頃からの保護者との会話の中で、今置かれている状況を確認しながら配慮すること。

**Point**

- 「提案」は、どの保護者にとってもありがたいもの。要はタイミングが問題。
- 保護者が忙しいときには、「連絡ノート」などでの小さな提案が効果的。

## 6 保護者の「ホンネ」を理解する
# 保護者だって「気になっている」

**事例** なぜ、問題行動が「気にならないのか」理解できません。

> 落ち着きがなく、指示をまったく無視してしまうB君。とてもこだわりが強く、なかなか行動を変えることができません。とても「気になる点」が目立ちます。B君の園でのそうした問題行動を知っているはずなのに、保護者はまったく気にならないようで、「あっ、そうですか。」と驚いた様子すらありません。なぜ「気にならないのか」それが、まったく理解できません…。

## 「気にならない」のには、2つの理由がある

「気になる点」が、もし「気にならない」としたら、それには、2つの理由があります。一つは、その「気になる行動」が減ったから、それに「気づく」回数が減ってしまったため。そして、もう一つは、その「気になる行動」の回数は何も変わらないのだが、慣れてしまって気にならなくなった、意識しなくなった。そのどちらかです。

「気になる点」が減ったのか、慣れてしまったのか、その2つのうちのどちらかなのです。

保護者は、保育者よりも実は敏感に、わが子の「気になる点」や他の子との違いは感じているものです。気になる点や違いは、保護者にとっては不安の種であり、苛立ちのきっかけとなるものだからです。だから、「気づいていない」ということはまず考えられません。

おそらく、自分ではどうすることもできず、方法もなく、そのことによって自分の感情がコントロールできなくなることを感じたため、それを自分の中で処理しようとして『気にしないようにしている』ことはよくみられることです。でも、本当は気になっているのです。

保護者が「なぜ気にならないのか」ではなく、「どうして気にしないようにしているのか」そこに思いを向けることが大切なのです。

「気にならない」素振りをしている保護者こそ、どのように協力しあえるかを話し合うことが大切なのです。

## 「気にしていない保護者」ほど気にかけておく

なぜ気にならないの？

**実は、保護者も「気になる点」に気づき、不安を感じている**

「気にしないように」していることも多い。

気にしないように「無理」をすると

ある日突然
爆発してしまうことも

**保護者のストレスから「虐待」につながることも**

気にならない素振りをしている保護者こそ、声がけや
家庭との連携などを話し合うことが大切です。

### Point

- 子どもが突然「気になる行動」をしなくなったときにも注意が必要。
- 気になる点を保護者に伝えて、意見を聞いてみることも大切。

# 7 「共感」とは積極的に伝えるもの

保護者の感情に寄り添う

> **事例** 傾聴して共感しているのに、わかっていないといわれた。
>
> A君は、他の子よりも話し言葉の遅れがみられ、遊びの場面でも上手に遊ぶことができません。相談に来たA君の保護者は、とても不安そうに涙を流していました。しっかりと思いを受け止めたいと傾聴し、共感してうなずきながら「わかります、わかります。」と伝えていました。しばらくすると「先生は、私の気持ちをわかっていない」といわれてしまいました。しっかり、傾聴して、共感しているのに、なぜわかってもらえないのでしょうか？

第3章 保護者の心に寄り添う

## 共感とは、「言葉に出せなかった相手の思い」を代弁すること

　傾聴して、共感すること。相談だけでなく、人の話を聴くときには大切な姿勢です。相手の話に耳を傾けてうなずきながら聴いていくと、なんとなく「傾聴」した形にはなります。しかし、==「共感」の思いは、相手に対してこちらが伝えなければ伝わることはありません==。

　よく、うなずきながら「わかります、わかります」と伝えている場面がみられます。確かに話を聴いている側は理解しているのかもしれませんが、保護者からすると「わかってもらえた」という実感は持ちにくいものです。==保護者は、相手に自分の状況を理解してもらおうと話をしていますが、実は「本当の自分の思い」を伝えていないことが多いのです==。

　「自分の子どもが周りの子と同じようにできないんです…」という保護者の言葉には、「（だから、本当は悲しかったんです。）」という「思いの言葉」が隠れていることがあります。その「思いの言葉」をしっかりくみ取りながら、「悲しかったでしょうね」と、==相談者が「言葉には出せなかった思い」を返してあげること==で、「先生は私の気持ちを理解してくれたんだ」と感じてもらうことができるのです。

　目の前にいる保護者の思いを代弁してあげることが、「共感」なのです。

　「わかります、わかります」では、何についてわかってくれているのかがわかりません。

## 『共感』とは、相手の心を鏡のように映し出すこと

いざ、話し始めてみると「自分の思い」をすべて話すことは意外に難しい。

本人も気づいていない「本当の思い」がある

↓

言葉に出せなかった思い

「本当に悲しかったでしょうね」
「苦しかったですね…」
「悔しかったでしょうね…」

### 相手の「思い」を言葉で表す

本人も自分の思いを再確認することで癒される。

Point

- 相談者本人が、自分で気づかなかった「思い」に気づくことが大切。
- 話を聴きながら、言葉にならなかった思いを表現することが『共感』。

## 8 保護者の感情に寄り添う
# 「良くなる怖さ」も理解しておく

**事例** 「今より良くなること」に不安を感じる保護者の思い。

> 家庭内でのトラブルを抱えた保護者が、福祉との連携の中でようやく改善していく目処がたち、園としても安心していました。これからは少しずつでも親子の生活が安定するだろうと喜んでいました。ところが、当の保護者と連絡が取れなくなり、困り果てていたところ、福祉の方から連絡があり、支援を断りたいと保護者が伝えている様子です。どうやら良くなることに対して不安や恐怖を抱いているとのことでした。なぜ今よりも良くなることに不安を抱いてしまうのか、他の職員にも相談してみたのですが、どうしても理解できません。

## 「良くなる」とは今の自分が変わらなければならないということ

　人は誰でもそうですが、今よりも「悪くなること」に対して恐怖や不安感を抱いてしまうものです。相談の場面でもきっと、保護者から出てくる言葉の中には「今より悪くなるのが怖い」、そんなメッセージが含まれていませんか？　でも、もう一つ、「知っておかなければならない」ことがあります。それは、**人は「今よりも良くなること」に対しても、怖さや不安を感じてしまう**ことです。

　「良くなるのに、不安や怖さなんか感じるはずがない」。もし、そう思われるとしたら、それは、自分が変わることに慣れているのかもしれません。**「良くなること」。それは、「自分が変わらなければならない」のです**。そこには、苦しさや努力が必要になります。「今より悪くなること」。そこには、努力は必要ありません。ほっておけば、勝手に悪くなってしまうのです。

　「良くなること」に対する怖さ、これを克服することこそ、「勇気」です。目の前の相手に、「元気」を与えることはそんなに難しいことではありません。でも、「勇気」を与えることは、とても難しく、そして困難を伴います。

　前に進めば良くなるのに、立ち止まってしまう保護者の思いを理解し、支援する側があきらめることなくかかわり続けることが大切なのです。

## 人が自ら行動を起こすための「3つの条件」

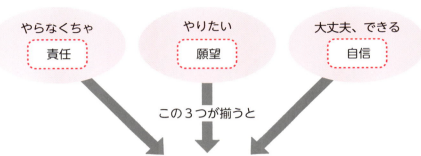

| やらなくちゃ | やりたい | 大丈夫、できる |
| :---: | :---: | :---: |
| 責任 | 願望 | 自信 |

この3つが揃うと

**自ら「行動」を起こす**

保護者が、行動を起こせないのは、この3つのどれかが欠けているから

イメージできない

**保育士の言葉がけ**

この3つの何が足りないのだろう……
保護者への言葉がけは、足りないものを補うように。

**Point**
- 大きな変化を期待せずに、小さな一歩、小さな前進を大事にする。
- 理想的な姿がイメージできるように「具体的な話題」を心掛ける。

memo

# 第 4 章

## 保育者の
## ソーシャルワーク実践

保護者の専門性を生かした保護者支援

# 1 保育者は子どものケアの専門職（専門技術を生かす）

## 保育者の保育の専門性を再確認する

　そもそも保育者は子どもの保育の専門職です。保護者支援においても、保育の専門性を生かした支援を行うことが求められています。たとえば、子どもの発達に関する専門的な知識、自然や人的環境に考慮した保育環境を構築する技術、など保育者は子育てに関する多くの知識と技術を持っているのです。自分の保育の専門性を再確認し、日頃から保育実践を振り返る（省察する）ことで、保育の質の向上にもつながります。

## 保護者の悩みに保育者の専門性をつなげてみましょう

　そこで重要なことは、保護者支援ってどうするの？何をどのようにやれば保護者支援になるの？と考える前に、まずは保育者自身の保育に関する知識を再確認し、その専門性の中でどういった保護者の手助けができるかを考えましょう。たとえば、「家庭で子どもの言葉遣いが悪い、荒い」と悩む保護者に対して、言葉で「言葉遣いに気をつけなさい!!なに、その言葉遣いは！」と叱るよりも、自分自身がモデルになり言葉遣いを見直したり、テレビを一緒に見ている場面で、「○○ちゃんの言葉は良くないよね？○○ちゃんはどう思う」など子どもにも考えさせてみてはどうでしょう？と助言することもできます。これは、保育の5領域の一つである環境や言葉に関する領域の知識からアドバイスするということです。このように、保護者支援では保育者の専門性を生かした保護者とのかかわりが中心となります。

## 保護者の悩みと保育の専門性を結びつけてみる

**保護者支援のヒント** ➡ **保育者はすでに持っている**

子育ての悩みや不安
**保護者の悩み**

保護者支援って？？

子育ての知識や技術
**保育の専門性**

「保護者の悩み解決」のヒントになるものは、きっとあるはず

保護者の問題解決の直接的な答えでなくてもかまわない。

### 保護者支援とは

「悩みを解決すること」ではなく、一緒に考えることが大事。

- 自分自身の知識や経験の中に、ヒントが隠れていることを知る。
- 「子育て以外の悩み」の場合は、一緒に考えましょう、と伝えることが安心につながる。

## 2 保育者はソーシャルワークの専門職

子どもと保護者を同時にケアする気持ちが必要

### 子どものケアは家庭を視野に入れて行うことが大事

　保育者は子どものケア（保育）の専門職であると共に、保護者支援や子育て支援を担うソーシャルワークの技術や知識を有する専門職であることが求められています。ここで大切なのは、保育者が子どもの保育を行う場合は、家庭と緊密な連携を図ることが必要ということです。つまり、子どものケアは子どもだけに焦点を当てたものでなく、保護者と適切にかかわり、家庭を視野に入れて行うことが重要になります。そもそも、子どもの問題行動は子ども自身に問題があることは少ないのです。そのような場合、当然、困りごとや悩みを抱える保護者に、保育者はその困りごとや悩みの解決、軽減を図ることを目的に支援します。その際、ソーシャルワークの知識や技術を持っている方が相談支援もやりやすいことはいうまでもありません。

### 保護者支援ではソーシャルワークの技術と知識が必要

　では、保育者はソーシャルワークの専門職なのでしょうか。答えはYesでありNoであるともいえます。Yesと考えた場合、それは保育指導など、保育者の専門性を生かした保護者支援であるといえます。保護者にとっては初めての子育て経験かもしれません、そのようなときに、保育者の専門性やこれまでの経験を生かして保護者を支援することは一つのソーシャルワークといえるでしょう。また、Noの場合は、保育者養成のカリキュラムからもわかるように、保育者はソーシャルワークの専門教育を受けているわけではありません。研修や自己研鑽を通じてソーシャルワークを学び実践に生かしている保育者が多いのではないでしょうか。つまり、現時点での保育者はソーシャルワークの専門職というよりも、保護者に保育技術や保育指導を通じて保護者支援を行う専門職ととらえた方がよいかもしれません。

　ただし、そこで重要となるのはソーシャルワークの価値と原理を踏まえて保護者支援を行うことです。どちらにしても保育者は保護者の支援にあたる必要があるのです。保護者との

信頼関係作り、相談支援の方法などソーシャルワークから学ぶことは多いといえます。

## 保護者支援と「ソーシャルワーク」の知識の応用

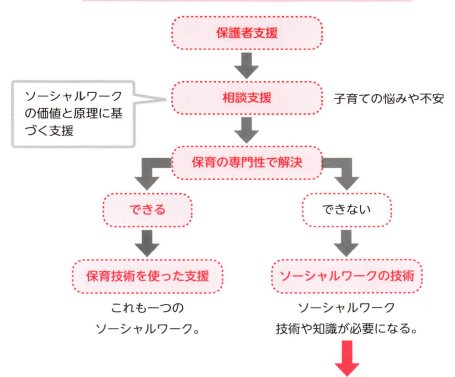

保護者支援では、ソーシャルワークが必要な場面もある。

保護者支援 → 相談支援（子育ての悩みや不安）← ソーシャルワークの価値と原理に基づく支援

→ 保育の専門性で解決

- できる → 保育技術を使った支援　これも一つのソーシャルワーク。
- できない → ソーシャルワークの技術　ソーシャルワーク技術や知識が必要になる。

保育の専門性に限らず「相談支援」の方法には、学ぶことが多い。

Point
- ソーシャルワークの価値と原理を踏まえた保護者支援を行うことが大事。
- 「ソーシャルワーカー」ではなく、ソーシャルワークを理解した保育者を目指す。

# 3 ソーシャルワークとは何か

ソーシャルワークは難しいのか？

## ソーシャルワークは保護者の課題や問題について解決を手助けする一つの手法

　ソーシャルワークとは、日常生活において福祉課題や問題を抱える人々にソーシャルワークの専門知識と技術を用いて、その課題や問題を軽減したり、問題解決を試みたりすることです。

　そして、ソーシャルワークとは何かを考えるときに重要な視点となるのが専門性です。ソーシャルワークの専門性には、①価値、②知識、③技術の3つがあります。まず、価値とは、すべての人間が平等であること、時代背景や個人の価値観に左右されないこと、個人の尊厳を尊重する（人間尊重の原則です）ことです。次に、知識とは、相談援助が必要な人にとって必要な各種福祉制度やサービス、ソーシャルスキルなどの知識です。保育者の場合はこれに、保育や子育てに関する知識が必要となります。そして、技術とは、ケースワーク、グループワーク、コミュニティワークなどの援助技術と保育に関する技術であり、保育施設におけるソーシャルワーク実践では必要不可欠な専門性です。

## ソーシャルワークは人と物とサービスを結びつけること

　つまり、個人的な経験や勘ではなく、ソーシャルワークの基礎理論に基づく相談援助を実践することです。人と物、サービスとをつなぎ、生活課題や問題を解決していく活動です。

　保育者に求められるソーシャルワークの専門性とは、子どもの最善の利益を目指し、子どもと直接的にかかわりながら、支援の対象である保護者の家庭環境を把握した上で、子どもの良好な発達環境との関連性を理解し、家庭と子どもの関係調整を図ることができる知識と技術を有することです。保育固有の専門性である「保育指導」「保育相談」を基礎としたソーシャルワークともいえるでしょう。

## 「ソーシャルワーク」とは何か？

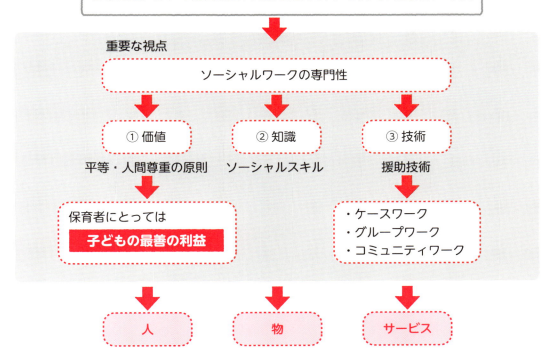

人・物・サービスをつなぎ、生活課題や問題を解決していく活動

- 単に人、物、サービスをつなぐのではなく、そこには「根拠」があることを知る。
- 「価値」「知識」「技術」どれが欠けても、ソーシャルワークとはいいがたい。

## 4 ソーシャルワークの原則

保護者支援として保護者とかかわる際の一つの原則

### ケースワークの原則の理解（バイスティックの7原則）

ソーシャルワーカーの援助姿勢の原則に、**バイスティックの7原則**があります。これを原点としてソーシャルワークが実践されます。それは、裏返すと利用者（保護者）のニーズ（思いや欲求）にもなります。

❶個別化 … **他人と一緒にしないでほしい**。保護者の生活環境を理解し個別の問題としてとらえ援助する。

❷意図された感情表出 … **自分の感情を我慢したくない**。保護者が自身の感情や思いを遠慮なく自由に表現できるように援助する。

❸統制された情緒の関与 … **自分の気持ちに共感してほしい**。非難したり、反論したりしない、あくまでも保護者を受け入れる援助。

❹受容 … **自分を受け入れてほしい**。保護者を価値ある人間として受け止める。

❺非審判的態度 … **責められたり、裁かれたりされたくない**。一方的に相手の行動に対し説教したり、責めたり、善し悪しの判断をしない。

❻自己決定 … **自分のことは自分で決めたい**。保護者の問題やどうしたいかの欲求（希望）を明確化し見通しが持てるように援助する。

❼秘密保持 … **相談した内容は他人に知られたくない**。秘密を守ることはソーシャルワークの基本であり、情報が漏れると信頼関係を損なう。

### 保護者の気持ちに真摯に向き合い、寄り添うこと

ただし、上述した原則をただ記憶しても意味がありません。保護者の欲求に真摯に向き合い、寄り添うことができたとき信頼関係が生まれるのです。保護者の「〜したい」「〜してほしい」や「どうしていいかわからない」など**保護者の切実な言葉に傾聴し、表情から感情を読み取り、共感し受容できたとき、初めてソーシャルワークの原則を踏まえた支援ができ**

るのです。

## 「バイスティックの7原則」とは

保護者の思いや欲求を大切にすることが原則の意味

| | |
|---|---|
| ❶ 個別化 | 他人と一緒に扱わないでほしい |
| ❷ 意図された感情表出 | 感情はありのままに表現したい |
| ❸ 統制された情緒の関与 | 自分の気持ちに共感してほしい |
| ❹ 受容 | ありのままの自分を受け入れてほしい |
| ❺ 非審判的態度 | 責めたり、裁かれたくない |
| ❻ 自己決定 | 自分の行動や問題解決は自分で決めたい |
| ❼ 秘密保持 | 相談した内容は秘密にしてほしい |

↓

**保護者に向き合い・寄り添うこと**

### Point

- 保護者の「〜したい」「〜してほしい」は決して「わがまま」ではない。
- 「受け入れること」ができたと感じた時が、原則を踏まえた支援ができた時。

## 5 ソーシャルワーク技法（ケースワーク）

保護者支援の一つの技法であるケースワークを学ぶ

### ソーシャルワークの援助過程を見てみましょう

　保護者支援においては、お母さんやお父さんの子育てに関する困りごとや不安への対応が多くなるでしょう。そのような場合には、ケースワークの技術を用いることが有効です。ケースワークでは、保護者の子育て不安や解決したい問題に対して、個別的に接し、個人の状況に応じて保育指導、子どもの発育・発達に関する助言や支援を、ケースワークの展開過程に沿って実践します。また、社会資源やサービスを通じて家族関係や社会関係を調整し、それぞれ個人や家族の課題や問題の解決を試みます。ケースワークの援助過程は次のように展開されます。

### ケースワークの展開技法

- **開始期**（保護者の解決すべき問題や課題を明らかにする。同時に、保護者が問題解決に対する意思を示し、援助の方法や手順について互いに確認し信頼関係を築く時期）
　①問題や課題を持つ保護者の発見→②インテーク面接（保護者の問題や悩みを明らかにする）→③アセスメント（資料や情報の収集、分析）→④プランニング（具体的方法の把握、支援計画の策定、目標設定）
- **展開期**（援助の効果を把握確認しながらプランニングされた支援を繰り返す、または、支援計画を見直す時期）
　⑤インターベンション（具体的サービスの提供）→⑥モニタリング（支援の効果を確認し、新たなアセスメントやプランニングを行う）→⑦終結
- **終結**（問題解決の評価を保護者と保育者で行い、今後の課題や問題を再確認する。また、今後の保護者からの相談を快く受け入れることを伝える）
　さらに、ケースワークでとらえられた保護者の問題や課題をグループワークへとつなげ、支援の展開を図ることも期待されます。

## ソーシャルワーク技法（ケースワーク）とは

**ケースワーク**
保護者の子育て不安や解決したい問題に対して、**個別的**に接し、助言や支援を行う

ケースワークの展開技法

**開始期**
❶ 問題や課題を持つ保護者の発見
❷ インテーク面接（問題や悩みを明らかにする）
❸ アセスメント（資料や情報の収集、分析）見立て

**展開期**
❹ プランニング（具体的な方法の把握、計画、目標）
❺ インターベンション（具体的サービスの提供）
❻ モニタリング（支援の効果を確認。再アセスメント）

**終結**
❼ 終結

**保護者の問題や課題** ➡ **グループワークへ**

グループワークへとつなげ、支援の展開を図ることも。

**Point**
- 保護者支援において、最も多く使われる技術が、この「ケースワーク」。
- 不安や困りごとの相談に場当たり的に対応するのではなく、手順を踏む。

どんな場面でソーシャルワークを活用するのか
# 保護者と社会サービスをつなぐ

 「福祉サービス」とは、特別な人のためのものではない

> 最近、少し元気がなく、何か困りごとを抱えているように見える保護者がいたので、お迎えの際に声をかけてみました。「お母さん、最近少し元気がないようですね。何か困ったことなどありませんか?」そう伝えると、その保護者は、「いえ、家庭の事情なので、先生には頼れません。」と力のない声で応えられました。「そんなことないですよ、家庭の相談も福祉に関することもご紹介できますよ。」とさらに伝えると、困惑した表情で、「福祉って、先生、一部の困った方でしょ。うちは大丈夫です。自分で何とかしますから結構です。」と断られてしまいました。

## 子育ては、「社会サービス」をうまく活用して行うもの

　子育てに関する保護者や社会のニーズが多様化する中で、それをサポートするための「社会サービス」も変化しながら、少しずつ増えています。

　社会環境や家庭環境の変化によって、保護者や子どもたちが抱える問題も複雑化しており、子育ても、個人任せではなく、さまざまな「社会サービス」を組み合わせて使いながら行うものへと変化しています。その情報提供の窓口として、保護者にとって最も近い存在こそ、「保育所」であり、「保育者」です。

　保護者と「社会サービス」をつなぎ、活用していくことで、保護者が抱えるさまざまな問題の解決をサポートすることこそ、保育現場での「ソーシャルワーク」の活用です。

　特別な問題や困りごとを抱えた特殊な状況の方のみを支援することが、「ソーシャルワーク」ではなく、保護者が子育てや生活面での問題を抱える前に予防的な措置を取ることも「ソーシャルワーク」です。

　そう考えていくと、保護者支援というものすべてが社会とつながっている以上、どのような問題に対しても「ソーシャルワークの視点」の活用は可能です。

## ますます広がる「ソーシャルワーク」の活用範囲

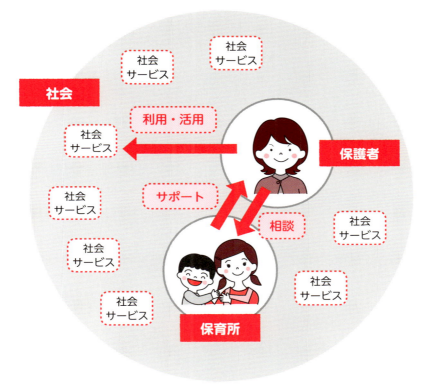

「社会サービス」を活用することで、自らの生活問題を解決していく

### 「ソーシャルワーク」とは、この「サポート」

「問題」に応じて、必要な社会サービスもさまざまであり、保育現場でのソーシャルワークの活用範囲も今後ますます増えていく。

**Point**
- 子育ては、個人任せから「社会サービス」をうまく活用して行うものへと変化。
- サービスへの連絡・調整だけでなく、そのための相談・助言も含まれる。

# 7 ソーシャルワーク技法（グループワーク）

できることから始めてみよう、ソーシャルワークの技術

第4章 保育者のソーシャルワーク実践

## 保護者同士（グループ）の力を利用した支援

　悩みや困りごとを持つ保護者でグループを作り自身の問題や課題を認識し、グループの力で自ら解決していくことを支援するのが、ソーシャルワーク技法の一つであるグループワークです。たとえば、「親としての学び」をテーマに、自発的、あるいは意図的に集まった保護者に対して、保育者はグループリーダーとしてかかわり、保護者の子育て中の親として自身の不安や悩みを共に語り合い、グループメンバーから新たな情報を得て自分の子育てに役立てていくことも可能です。また、保育者の意見を素直に聞くことができない保護者でも、同じ子育て中の親同士の思いや経験を聞くことで、物事のとらえ方や解釈への気づきを得ることができるようにもなります。

## グループワークの展開過程

❶グループ準備期 … 目標を設定し、人数、時間、進め方などを決めます。気になる保護者がいる場合、意図的にグループに参加してもらってもよいでしょう。

❷グループ開始期 … グループメンバー同士がうまくコミュニケーションできるように保育者は側面的な支援が必要になってきます。たとえば、アイスブレイクといわれる心を解きほぐすエクササイズなども有効です。ここでは、メンバー同士の仲間作りを目的としています。

❸グループ作業期 … ここでは、設定された保護者の悩みやストレスなどについて互いに話し合いを行います。保育者はグループリーダー（ファシリテーター）としてかかわっていきます。たとえば、皆が発言できるように配慮したり、発言者を非難したり、否定したりする言動がでないように事前にルールを作っておくことも必要です。

❹グループ終結期 … 当初予定された期限がきたとき終わりとなります。目標達成はどうか、メンバーがどのような気持ちでいるかを把握しておくことが必要です。ただ、これで支援が終わったのではなく、これからも保護者を支えていくことを伝えておきましょう。

## ソーシャルワーク技法(グループワーク)とは

**グループワーク**

悩みや困りごとを持つ保護者でグループを作り、問題や課題を認識し、グループの力で自ら解決していくことを支援する技法

グループワークの展開過程

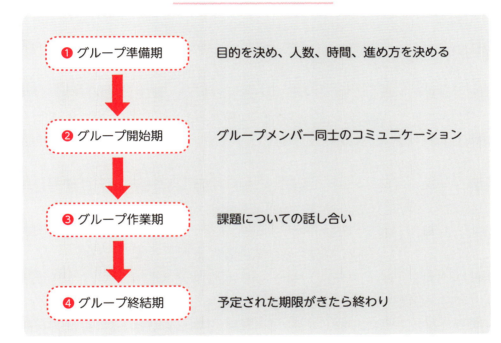

- ❶ グループ準備期 — 目的を決め、人数、時間、進め方を決める
- ❷ グループ開始期 — グループメンバー同士のコミュニケーション
- ❸ グループ作業期 — 課題についての話し合い
- ❹ グループ終結期 — 予定された期限がきたら終わり

Point
- グループワークは、ルール作りとリーダーとしての保育者の進め方が重要。
- グループワークは、他者の考え方から「気づき」を得る貴重な機会。

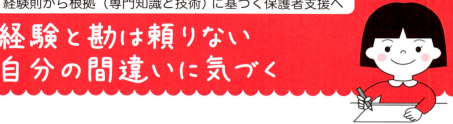

経験則から根拠（専門知識と技術）に基づく保護者支援へ

# 8 経験と勘は頼りない 自分の間違いに気づく

## 経験と勘に頼った保護者支援は個人の力量に左右される

なぜ、経験や勘だけに頼った保護者支援は危険なのでしょうか。確かに、経験や勘は重要な要素です。これまでの経験を生かして保護者支援に取り組むことは大切なことです。しかし、その経験や勘による保護者支援は、保育者全員ができることではありません。保護者支援は新人保育者からベテラン保育者まですべての保育者が取り組むべき支援です。経験がある保育者はできるけれど、新人保育者は保護者支援ができません、では通用しないのです。

また、経験や勘では、保育者と価値観の合う保護者には上手く対応できますが、どうも苦手な保護者には上手くいかない、といったことも起こります。保育者の人間性、価値観や、保護者と合う、合わない、などといった保育者の人間性や感性だけに頼った保護者支援になってしまってはならないのです。保育者が自分を知り（自己覚知）、支援のあり方を振り返り、自身の問題や課題、間違いに気づくことも重要です。

## 根拠に基づく保護者支援が重要

保育者の専門性を高めるためには、慣れや勘、経験だけに頼るのではなく、保育相談支援の専門的・科学的実践方法を確立し明示していくことを目指します。その結果、保育者が保護者から信頼され、安心して何でも相談できる環境ができるのではないでしょうか。そのためには、勘と経験を反省的（振り返り反省する）にとらえ、ソーシャルワークの知識と技術を用いた根拠のある保護者支援を目指す必要があるでしょう。

## 経験と勘に頼った保護者支援は、個人の力量に左右される

保護者支援を、経験と勘だけで行うと

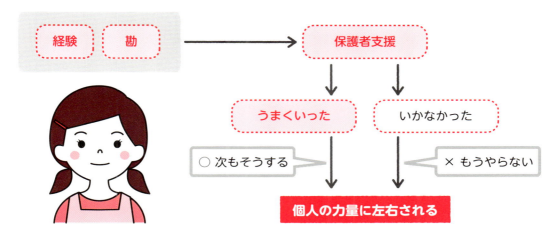

その方法が、本当に良い方法なのか悪い方法なのかわからない

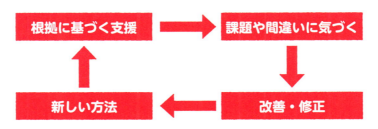

『再現性』のある実践方法として確立

Point
- 経験や勘を、「知」に高めていくためには、検証と実践を繰り返すしかない。
- 「臨機応変」とは、その都度やり方を変えることではない。

# 9 知識と技術の体系化

保護者支援のプロセスを明確化し、保育者間の共通理解を育む

第4章 保育者のソーシャルワーク実践

## 理論知と実践知に基づく根拠のある保護者支援

　保育者には経験や勘だけでなく、対人援助の原理・原則を理解した上で、根拠（エビデンス）に基づく保護者支援をすることが求められます。つまり、ソーシャルワークの知識と技術を用いた保護者対応を心掛け、その中に、これまでの経験と省察から得た実践知を加味しながら保護者支援を行うことで、理論知と実践知に基づく根拠のある保護者支援ができるようになります。この積み重ねが、新たな保護者支援の方法論を考えるきっかけにもなり、同時に保育施設における保護者支援のあり方を体系化していく手がかりになります。

## 保護者支援のあり方を構造化・体系化していく

　実践事例（経験）の積み重ねと、ソーシャルワークの知識と技術が身につくことで、新たな保護者支援の方法論を考えるきっかけにもなります。そして、同時に保育所における保護者支援のあり方を構造化・体系化していきます。構造化とは、たまたま目についたことだけではなく、全体を見極め、問題の関係を整理し考えることです。そして、「いつ、どこで、何を、どのようなやり方で、どうする」というプロセスをたどるということです。たとえば、保護者の表面だけに目を向けるのではなく、ちょっとした悩みの表情から、保護者の困りごとを探し、問題解決のための手立てを考え、実行することです。それにより、保護者支援のプロセスや今後の見通しが立てやすくなり、保育者も自信をもって支援を行うことができるようになります。

　また、知識や技術を実践で使えるようになるためには、体系化が必要です。保護者支援の体系化とは、個人の知識・技術を保護者支援の原則に従って他の知識・技術と結びつけ整理することです。

　各保育者が、支援が必要な保護者を①観察、②評価し、③評価に基づく支援計画を作成し、④支援を行います。そして、⑤再評価する、というプロセスを繰り返すことが保護者支

援の体系化につながります。体系化された保護者支援を保育施設で共通化することで、新人、ベテラン保育者にかかわらず一定の知識と技術を習得することが可能となり、保育者の能力や人間性だけによるものではなく、専門性に裏付けされた保護者支援ができるようになるのです。

## 構造化された支援・体系化された知識と技術

### 構造化された支援のプロセス

### 体系化された知識と技術

原則を踏まえた個々の知識・技術

↓

原則を踏まえた他の知識と技術

↓

『保護者支援』の共通化を目指す

**Point**
- 『保護者支援』の共通化が、保育者の支援のレベルを底上げしていく。
- すべての「知」とは、個人のためにあるのではなく、共有するためにある。

# 第 5 章

## 保育士に必要なコミュニケーションスキル

# 1 言語的コミュニケーション

言葉の強さ、弱さ、怖さを知る

## 話し上手がコミュニケーション上手か？

　コミュニケーションといえば、すぐに思いつくのが言葉によるコミュニケーションでしょう。ところで、話し上手がコミュニケーション上手か？と問われるとどうでしょうか。答えはNoです。なぜなら、言葉（話）が饒舌だから相手とコミュニケーションがうまく取れるわけではないからです。では、言語的コミュニケーションにとって必要な要素は何なのでしょうか。

## コミュニケーションは寄り添う気持ちを伝える技術

　保護者支援において、言葉を使う際に最も留意しなければならないことは、「寄り添う気持ちを伝える」ことではないでしょうか。どんなきれいな言葉を使っても、相手に寄り添わず思いやりが伝わらない言葉では意味がありません。また、相手が「嬉しい」と感じる言葉を選んで使うことといえるかもしれません。あえて、相手の欠点を指摘したり、相手の言葉を否定したりする必要はないのです。「相手に寄り添う」「相手を喜ばせよう」「自分の思いを正しく伝えよう」とする気持ちが大切なのです。そして、人間がコミュニケーションを取る上で最も嬉しいこと、それは、「しっかりと、話を聴いてもらえた」という思いです。つまり、聞き上手になることを心掛けることが大切です。

　また、言語的コミュニケーションの場合は、同時に、言葉の抑揚、言い回し、強弱、速さ、態度、表情といった非言語的コミュニケーションが重要な意味を持ちます。言葉だけでなく、言葉以外にも自身の立ち振る舞いや、話を聴く、話す態度や表情にも注意しましょう。

## 『コミュニケーション』は『思いやり』を伝える技術

コミュニケーションは伝え方ではなく、何を伝えるかが大事。

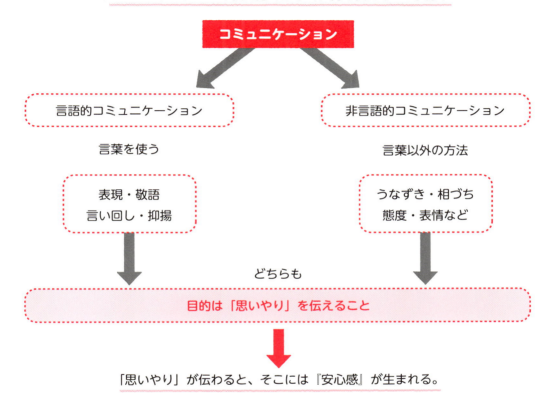

```
          コミュニケーション
         ↙            ↘
言語的コミュニケーション    非言語的コミュニケーション
    言葉を使う              言葉以外の方法
  表現・敬語              うなずき・相づち
  言い回し・抑揚           態度・表情など
```

どちらも

**目的は「思いやり」を伝えること**

「思いやり」が伝わると、そこには『安心感』が生まれる。

**話せて良かった**

Point
- コミュニケーションとは、「思いやり」を伝えて、「安心感」を与えること。
- 「話し下手」であっても、「思いやり」を持つことはきっとできるはず。

# 2 敬語の使い方

正しい言葉遣いは保育者を育てる

## 言葉は人権にもかかわる重要な意味を持つ

コミュニケーションにとって言葉は重要です。特に保護者への言葉の使い方には配慮が必要であり、人権にもかかわる重要な意味を持ちます。個人の尊厳、人権擁護といった意味からも、保護者を一人の大切な人間として、また、一人の親としてかかわる場合には、原則的に保護者には敬語を使うことが適切でしょう。特に、新人保育者や若い保育者の場合は、年齢的にも先輩になる保護者が多いと思いますので、言葉遣いは丁寧な敬語が求められます。

ただし、慇懃無礼（いんぎんぶれい）な敬語ではなく、その場面、あるいはそのときの保護者の状況（感情や気分）に応じた言葉遣いも心掛けなければなりません。たとえば、気さくに話しかけてくる保護者の場合は、あまり堅苦しい言葉では互いに距離を感じてしまいます。その場合は、原則（要所に気軽な言葉を入れる）として敬語を使いながらも、声の抑揚や表情などで親しさを表す方がよいでしょう。

## 言葉は保育士の人格を表します

言葉はその人の人格を表します。保育者の不本意に発した一言で保護者との信頼関係が崩れてしまうこともあります。どんなに、気の合う親しい保護者であっても、礼儀をわきまえることを忘れてはいけません。相手に敬意を払う言葉遣いを心掛けることが大切です。つまり、正しい敬語を身に付けることによって、場面にかかわらず、保護者に適切な対応ができるようになります。保護者支援だけでなく、登園時などのちょっとした保護者との会話でも、相手を尊重した言葉遣いと、正しい敬語を使えるようにしましょう。正しい言葉遣いができる保育者は「できる保育者」と評価されます。

## 保護者の『目線』に合わせて話すことが必要

「何よ！その口のきき方」

「馴れ馴れしいわね…」

その時の感情や気分によって、言葉のとらえ方も変わってくる。

**人は言葉よりも「言葉の使い方」に意識が向いてしまう**

### 「言葉の目線」を合わせる

保育者は、子どもたちとは、目線を合わせて話します。
子どもの目線に合わせて話すように、保護者とも、保護者の目線に合わせて話をすることが大切です。

**Point**

- 「目線を合わせる」とは、相手に敬意を表すこと。
- 相手の年齢層にあわせた言葉で話すことを常に心掛けておく。

# 3 文章コミュニケーション

自分の伝えたいことを文章で伝えることは難しい

## 保育者が伝えたいことを正確に伝える

保育者にとって文章を書くということは大切で重要な仕事です。保育者の仕事には、日誌、各種保育計画、各種報告書などたくさんの記録を書く仕事があります。その中でも保護者とのコミュニケーションツールでもある「お便り帳」「連絡帳」は最も気を遣う書き物ではないでしょうか。

**文章コミュニケーションでの留意点は、保育施設や保育者が伝えたいことを正確に伝えること**です。そこでは、正しい文法、語彙など基本的なものから、他者の視点に立つ、相手を思いながら書くなど、相手に配慮した気配り的な要素も含まれます。文章は正しく書かなければ、相手のとらえ方でいかようにも解釈されてしまうことを知っておかなければいけません。

## 独りよがりの文章にならないように注意

実践で大切なことは、①「事実と主観を区別する」こと、②「いつ、誰が、どうした、を意識する」こと、③「読み手を意識する」こと、④「主語、述語を意識し、接続詞、指示語のつなぎを確認する」こと、⑤最後に、「必ず、推敲（三度読み返す）する」ことです。伝えたいことは、事実か意見か感想か、いつどこで誰がどうしたのか、この文章を読む保護者はどのような気持ちになるのか、あるいはなってもらいたいのか、保護者のことを考えながら何度も読み返すことが大切です。独りよがりの文章にならないように注意しましょう。

## 文章コミュニケーションの『か・き・く・け・こ』

| | | |
|---|---|---|
| か | 簡単 | 「短く」わかりやすい言葉で |
| き | 気配り | 「相手」への配慮 |
| く | 具体的 | 子どもの姿が浮かんでくるように |
| け | 結論 | 伝えたいことは、はっきりと |
| こ | 好意 | しっかりと思いをもって |

**まずは、「結論」を決めましょう**

「結論」を考え、それを具体的に表現し、気配りを忘れず、わかりやすい表現で。

**Point**

- 書くときには、「こ・け・く・き・か」と逆から考えていくと組み立てやすい。
- 忙しい保護者にとって、「一度で理解できる文章」は、ありがたいもの。

保育者の思いを伝えるには、まず丁寧な保護者との「かかわり」から

# 4 保育者の思いを正しく伝える

## 自分の思いを他者に正しく伝えることは決して簡単なことではない

　保育者が自身の思いを、保護者に対して正しく伝えることは簡単なようで難しいことです。保育者からよく聞かれる言葉で、「私は○○と思っていっているのに理解してもらえない」「そんなつもりでいったのではないのに」などです。自分の思いを他者に正しく伝えることは決して簡単なことではありません。

## 保護者との丁寧なかかわりが必要

　では、保護者に保育者の思いや気持ちを正しく伝えるためにはどうしたらよいのでしょうか。まず、保護者との丁寧なかかわりが必要だと知ることです。保育者の思いを伝えようとしても簡単にすぐに伝わるものではないのです。これは、一日一日、日々の保護者とのかかわりによる信頼関係が重要となります。次に、保護者は何を望んでいるかを考えることです。望んでいないことを伝えなければならない場合、相応の配慮が必要になります。保護者の心の動きを考えながら、適切な言葉、タイミングなど、対応に配慮する必要があります。そして、保護者に伝える内容が正しく伝わったかどうかを確認することが大切です。保護者は、保育施設に子どもを預けているといった思いや建前から、正しく伝わっていない情報も理解したように保育者に答えることもあります。保育者が伝えたいことが正しく保護者に伝わったのか、誠意を持って意識することが必要です。

　最後に、保育者の思いを正しく伝えるには日頃の人間関係が重要となります。良好な人間関係が築かれているなら、保護者は意識的に保育者の思いをくみ取ろうとします。つまり、情報の内容や伝え方も重要ですが、それ以上に感情的なかかわりが大きく影響することを知っておきましょう。

## 『伝えたこと』ではなく、『伝わったこと』が真実

「自分の思い」を他者に正確に伝えることは意外に難しい。

「伝えたこと」ではなく、「伝わったこと」が真実

### 「伝わったこと」が大事

「そんなつもりじゃなかったのに」
「どうして、そう取るの…」
「なんでわかってくれないの…」

「伝えよう」とすればするほど逆効果になることも。

### Point

- 「どう伝えるか」ではなく、「どう受け止められるか」を意識することが大切。
- うまく伝わらなくても、相手を責めることはNG！

言葉よりもあなたの感情を伝えるものが非言語的コミュニケーション

# 非言語的コミュニケーション

第5章 保育士に必要なコミュニケーションスキル

## 非言語的コミュニケーションは人とのコミュニケーションにとって重要

　人と人とのコミュニケーションには、言葉での言語的コミュニケーションと視線やジェスチャー、姿勢、表情など言葉を伴わない非言語的コミュニケーションがあります。なかでも、非言語的コミュニケーションは人とのコミュニケーションにとって重要なものです。人に好意を伝える場合、9割以上が非言語的コミュニケーションであるといわれています。また、特に、喜び、怒り、悲しみなど感情の伝達には非言語的コミュニケーションが適しています。

　そして、人への興味や関心の度合いも非言語的コミュニケーションから読み取ることができます。たとえば、興味のない話を聞いているときは「体を後ろに向ける」「腕を組んで頭を下げる」「視線が動いて定まらない」などの姿勢や仕草が表れ、逆に興味を示すときは「体を前に向ける」「椅子に座っているとき両足を後ろに引く」「うなずく」などの姿勢や仕草に表れます。このように、人の興味や関心という情動は姿勢や仕草といった態度に表れるものです。

## 適切な非言語的コミュニケーションを意図的に…

　保護者との信頼関係を築くためには、コミュニケーションは大切なツールです。そこで、適切な非言語的コミュニケーションを意図的に行うことで、相手に興味や関心があることを伝えることができます。保護者に関心を示し、寄り添いながら、ソーシャルワークを実践する場合は、相手に対する、保育者の声の高さ、早さ、抑揚、うなずき、アイコンタクト、相づち、表情などを意識しながらコミュニケーションを図ることが重要です。

　保護者支援においては、たとえ自分の価値観と違う保護者と出会っても、自分の心をコントロールし相手に関心を示し、寄り添う、非言語的コミュニケーションが実践できることで専門職としてのコミュニケーション能力が高まるのです。

## 非言語的コミュニケーションの『あ・い・う・え・お』

- あ　アイコンタクト
- い　いい空気
- う　うなずき
- え　笑顔
- お　思いやり

→ 「言葉」よりも多くのものを伝える

相手への思いを伝えるためには、積極的に非言語的コミュニケーションを使う。

**Point**
- 自分では、話を聞いている姿勢や仕草には気づきにくいので注意が必要。
- 声や態度や表情も「言葉」の一部であることを理解する。

## 6 相手への関心を伝える技法
# うなずき

### 「うなずき」は積極的な傾聴の重要な手法

　非言語的コミュニケーションである「うなずき」は相手の発言を肯定したり、発言をうながしたりする効果があり、積極的な傾聴のためには重要な手法です。うなずきは、「あなたの話をもっと聞きたい」「もっと話を続けてください」など相手に関心を示していることの表れです。

### 保育士の「うなずき」は悩みを話そうとする保護者の意欲を高める

　たとえば、保護者が子育ての困りごとや悩みを、うまく言語化できない場合など、適切なうなずき技法を使うと保護者が困りごとや悩みを言語化しようとする効果も期待できます。つまり、悩みを抱える保護者が、自身の悩みを話そうとする意欲を高めることができるのです。うなずきは無声ですので、保護者が目で保育者のうなずきを確認できることが必要です。そのためには、表情にも注意が必要となります。保護者が今にも泣きそうなときに、笑みを浮かべてうなずく、無表情でうなずく、目も合わせない、など、相手の心理状態を無視したうなずきは意味を持たない以上に相手をまったく意識していないといったメッセージを送ることになります。相手の状況に応じた表情で、しっかりとアイコンタクトを取り意図的なうなずきができることが重要です。つまり、うなずきはアイコンタクトと適切な表情を同時に行うことであり、有効なコミュニケーションスキルとなるのです。

　うなずきは、日頃のコミュニケーションスキルであり、相談場面では意図的に用いることで相談者である保護者の悩みに共感し、しっかりと話を聴いている、もっと話を聴きたい、そんな思いを伝える非言語的メッセージにもなり、専門技術といえます。

## 『うなずき』はその場に『よい空気感』を作る

人は、その場の空気を読みながら話している。

聴いてくれているだろうか？

↓

「その場の空気」を読みながら話している

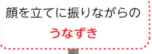

顔を立てに振りながらの **うなずき**

「もっと話を続けてください」というメッセージを伝えている。

**話しやすい「良い空気感」を作る**

### Point

- 「聴いていること」は、積極的に表現しなければ伝わることはない。
- 人は話しながらも常に、「その場の空気」を読んでいる。

# 7 アイコンタクト

コミュニケーションの基本中の基本

## 目は口ほどにものをいう

　目はコミュニケーションにとって重要です。目の動きや視線を合わせるアイコンタクトは、相手への多様なメッセージとなります。特に悩みを持つ保護者との相談場面（面接や立ち話でも）では、保育者の目の動きは相手の感情に訴えかけるものがあると考えてよいでしょう。つまり、目の動きや視線、表情の果たす役割は大きいということを知る必要があります。

　相談場面において、意図的なアイコンタクトは、相談者である保護者の話に関心を持って聴いていること、興味を持っていることをメッセージとして伝えるものです。また、保護者に共感し、支えようとしている保育者の思いを言葉と一緒に支えています。

　悩みごとを相談するとき、人は相談を受ける人の一挙一動に敏感です。たとえば、時計を見るとか、話をそらそうとする、急に話が早くなる、など何らかの理由で動揺している場合、保育者のちょっとした仕草に表れ、目の動きや視線に落ち着きがなくなります。その目の動きは相談者である保護者に察知されることも少なくありません。

## 普段からアイコンタクトが取れるようにトレーニングしておく

　本来は、悩みを抱える保護者に寄り添い一緒に子育てを支えるといった気持ちがあれば、自然とアイコンタクトも取ることができるのですが、保育者も一人の人間として感情の揺れもあるでしょう。目の動きや視線、アイコンタクトは、保護者との信頼関係を築く上で、重要な要素であることを理解し、コミュニケーション場面では無意識でもアイコンタクトが取れるように日頃からトレーニングしておくことも必要です。相談者である保護者の話に傾聴し共感していることを目で伝えることが重要なのです。

## 『アイコンタクト』は、「イメージする力」が大切

「アイコンタクト」とは、保護者の「思い」に目を向けること

| | |
|---|---|
| 不安・悲しみ | → **保護者の不安や悲しそうな姿**を想像する |
| 喜び・楽しさ | → **保護者の笑っている姿**を想像する |

**映像としてイメージするだけで目は勝手に表現してしまう**

目は口ほどにものを言う

**Point**

- 保護者の悲しみに目を向けると、思わずうつむいてしまうこともある。
- 「コンタクト」とは、見ることではなく、相手の思いに「合わせること」。

# 8 相づちを打つ

相づちは相手の言葉に共感を示す有効な手段

## 適切な相づちが打てることは、相手の話す機会を増やす

　相談者である保護者が自身の悩みや困りごとを話しやすくするためには、一つの方法として、相談を受ける保育者が適切な「相づち」を打つことが必要です。相づちは、うなずきと同様に日頃からコミュニケーションの重要な技術であり、積極的に傾聴するための方法です。うなずきが無声に対して、相づちは「そうそう」「ふーん」「ほお」「それで」「なるほど」「へー」など有声の答えがあり、適切な相づちが打てることは、相手に話す機会を増やし、聞き上手となるための第一歩です。

　また、相づちはバリエーションや発語の種類も多く、同じ相づちでも声の大きさ、リアクション、抑揚、表情などで使い分けることができます。これは、保護者に「あなたのメッセージがよく伝わっていますよ」「私はちゃんとあなたの言葉を聴いていますよ」「もっと話を聴かせてください」というメッセージを伝えているのです。ときにはもっと話してもらいたいと「へえ、そうなんですか！それで、どうなったのですか」など、保護者の背中を押して、保護者の思いをもっとたくさん話してもらう工夫も大切です。

## 相づちは、うなずきと同様に意図的に用いること

　そして、相談場面での相づちは、うなずきと同様に意図的に用いることが必要です。意図的とは、相談を受ける保育者が、相談者である保護者の話に自身の価値観で無意識に反応したり、反応しなかったり、しないということです。人はどうしても他者の発言に対して、自分の価値判断で善し悪しを決めようとしたり、同調しようとしなかったりする傾向にあります。保育者の意向や価値判断を示す形では、相づちを用いないようにしましょう。保育者は相談者である保護者が自身の言葉で思いを語ることができるように支援する、そのための相づちであることを理解しましょう。

## 『目から入る情報』と『耳から入る情報』

保護者は保育者の「表情や態度」と「言葉」を常に意識している。

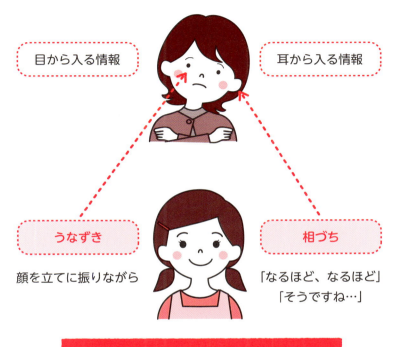

**人はメッセージを目と耳で受け取っている**

「もっと聴かせてください」というメッセージを伝えていますか？

Point
- 相手の話に「えー本当ですか！」と驚くことで、ますます話したくなる。
- 「うなずき」と「相づち」はセットで相乗効果を出しましょう。

# 9 表情

表情をコントロールする力が必要

## 表情は言葉よりも人の心を表す

　表情は非言語的コミュニケーションにおいて、言葉よりもその人の感情を素直に表すものともいえます。つまり、表情は言葉以上に重要なメッセージを伝えることができるコミュニケーション技法なのです。

　そこで大切なのは、相談者である保護者の思いや感情に対して、共感していることを伝える表情であることが重要です。保護者が不安や困りごとがあって話している時は、保育者もその気持ちに共感する表情で、また、子どもの様子を楽しげに話す保護者の場合は、笑顔で対応する、といったように保護者の感情に合わせた表情であることが非言語的コミュニケーションにおける表情の技術です。

## 自分の価値観と違う場合には表情に表れやすい

　技術という以上は、意図的にできること、自分の感情をコントロールすることが必要になります。保護者の言っていることに疑問を感じたり、自分の価値観と違っていたりするとどうしても、その感情が表情に出てしまうことがあります。つまり、自分の感情のおもむくままの表情ではいけないということです。ありのままの自分も保育者には大切な時もあるでしょう。しかし、相談支援の場面では、保護者の感情に共感し、思いを支えるといった視点が重要です。

　そして、意図的な表情は保護者に対して「あなたの話をしっかり聴いて共感していますよ」といったメッセージを送ることになります。それによって、保護者は安心して自分の悩みや不安を保育者に打ち明けることができるのです。

## 『表情』は、保護者の「思いの周波数」にあわせる

ラジオをあわせる

↓ 周波数を合わせることを

「チューニング」という

「表情」もラジオのように「チューニング」が必要

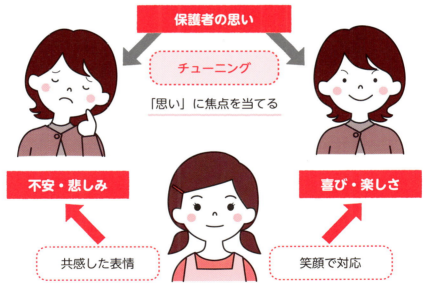

**保護者の思い**

チューニング

「思い」に焦点を当てる

**不安・悲しみ** ← 共感した表情

**喜び・楽しさ** ← 笑顔で対応

**Point**
- 保護者の感情のレベルにあわせていくことがポイント。
- 「相談の場」では、自分の気持ちや感情を表情に表すのはNG！！

# 10 質問する技術

質問することができると会話の幅が広がり、相手も心地よくなる

## 質問内容を工夫する

　保護者との会話では、なかなか話しをしてくれない保護者や、一方的に話しをし続ける保護者がいることに気づきませんか？相談の場面でもやはり、同様の傾向がみられます。

　そのような場合、質問の内容を工夫することが有効です。たとえば、話そうとしない保護者の場合、まずは、閉じられた質問である「はい／いいえ」で答えられる質問からはじめます。そして徐々に、相手が「はい／いいえ」では答えることができない「いつ、どこで、何が、どうしたのか」といった開かれた質問に変えていきます。これは、相手の緊張を解きほぐす時間を設けて、その後に、自分の言葉で思いを語ってもらうようにする技法です。自分の言葉で思いを語ることは、自分の悩みや不安を確認し、問題に気づき、考える機会にもなります。

## 閉じられた質問と開かれた質問をうまく使う

　また、話の方向が一方的になったり、違った方向にいってしまったりすることがあります。そのよう場面では、閉じられた質問を試みることによって、いったんずれた話を元に戻すことができる場合があります。たとえば、「〜されたのですか」など答えを求め、話の本筋を戻すのです。そして、保育者が伝えなければならないこと、聞きたいことに話題を修正していくのです。

　相談場面では一般的に、開かれた質問が多く使われますが、質問ばかりで保護者が苦痛になってしまうこともあります。それぞれの質問のあり方を考え、状況に合わせた質問をすることが重要です。

　ただし、忘れてはならないことがあります。相談では保護者の話を傾聴することが最も大切であるということです。傾聴する中で、保護者に関心を示し、共感していることを伝え、必要に応じた質問をする技術が必要であるということです。

## 『オープン質問』と『クローズ質問』

質問するとは
↓
**「あなたの話を聴いています」というメッセージ**

話を聴いていないと、そもそも「質問」はできない。

「質問」には、2種類の方法がある

| 開かれた質問 **オープン** | 閉じられた質問 **クローズ** |
|---|---|
| 相手の意見や考えを話してもらうための質問 | 「はい／いいえ」で答えられる質問 答えが一つしかない質問 |
| 「どう思いますか？」 | 「好きですか？」 |
| ただし 考えるひまがない | ただし 話が続かない |

**保護者の立場**

**Point**

- 保護者の表情や状況に応じて、「オープン質問」と「クローズ質問」を上手に使い分けることが大切。
- 「質問」は、相手への興味や関心の表れです。質問力を磨いていきましょう。

memo

# 第 6 章

## 特別な支援が必要な子どもの保護者支援

# 1 支援が必要な子どもへのソーシャルワークの活用

子どもの気になる行動は子ども自身の困りごとでもある

第6章 特別な支援が必要な子どもの保護者支援

## 子どもの困りごとに着目する

　発達障がいや身体障がいがある子どもなど、支援が必要な子どもたちへの保育実践ではソーシャルワークの活用が有効です。ソーシャルワークの技法である、ケースワークやグループワークを用いて一人ひとりの子どもの発達にそった支援を行うことで、子どもの困りごとを少しずつ軽減していくことを目指しましょう。

　支援にあたっての視点は、まず、**子どもの困りごとに着目する**ことです。子どもが何に困っているのか観察し適切に支援することが重要です。たとえば、発達障がいのある子どもの場合など、困りごとの一つは、集団行動の難しさではないでしょうか。日本の保育は基本的に集団生活における個人の規範行動を目指します。その中で、発達障がいのある子どもは、集団や友達とのかかわりが苦手な場合が多く、その理由が保育者にもうまく理解できていないことがあります。

## 子どもや保護者の困りごとに対して、どのような支援が必要かを考える

　そこで、まずは、**子どもの毎日の様子を一つずつ観察し、また、子どもと保護者とのかかわりを理解すること**からはじめましょう。そして、その子どもや保護者は何に困っているのかを知ることです。見えてきた子どもや保護者の困りごとに対して、どのような支援が必要かを考え、実際に支援の計画を立てて実践していきます。その支援の結果を評価（振り返り、省察）し、さらなる支援計画を立て、実践し、再評価する。このソーシャルワークの援助過程をたどることで、子どもの困りごと、保護者の困りごとを正しく理解し、同時に軽減していくことが可能となります。

## 子どもの困りごとに着目し、支援計画を立てる

**子どもの困りごと**

困りごとを言葉で伝えるのは難しい

**困りごとの3つの観察**

① 友達とのかかわりを見る

② 保護者とのかかわりを見る

③ 環境とのかかわりを見る

※③は、園のさまざまな空間が過ごしにくい環境になっていないか

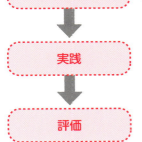

保育者

支援の計画 → 実践 → 評価

**Point**
- 困りごとを一度でみつけることは難しい。何度でも挑戦してみることが大事。
- 支援の計画は、成果が見える、わかりやすい計画を立てること。

# 2 保護者目線での相談・支援

保護者の気持ちに寄り添い、支援のあり方を考える

第6章 特別な支援が必要な子どもの保護者支援

## まずは、保護者の身になって考えてみる

支援が必要な子どもの保護者への支援において、第一の原則ともいえるのが、保護者目線での相談支援であることです。保育の専門家、あるいは療育の専門家などは、医学的見地や他の子どもとの比較で、発育・発達が違う、うまく集団になじめない、友達関係が作れない、などを障がいと判断することがあります。子どもを適切に観察することはとても重要なことであり、子どもの成長を促すためにも必要なことです。しかし、そこで、すぐに保護者にありのままの子どもの状況を伝えることがはたして好ましいのでしょうか。

## 保護者の困りごとに共感し受容する

保護者に子どもの状況を適切に伝えることは必要です。問題はその伝え方にあるのです。そこで大切なのが保護者目線であるかということです。保護者自身、子育てに悩んだり、困りごとを抱えていたり、今、実際に保護者が一生懸命に子育てをしていることをまずは理解することです。そして、保育者と保護者が一緒に子育てをしていくこと、「みんなで子育てをしましょう」「あなたは一人ではない」「保育者がついています」というメッセージを保護者に伝えていくことが重要なのです。それが、保護者目線であり、保護者が求めている保護者支援です。

障がいのある子どもの保護者、特に母親は家族からも「あなたの育て方が悪い」、「しつけがなっていない」などと非難されているかもしれません。保護者に一人で子育てを抱え込まないように、支援していくことが重要です。

## 保護者目線に立って、安心感を与えることが大切

保育者

「一緒にやりましょう」
「一人じゃないですよ」
「保育者もいます」

→ 安心感 →

どうしたらいいの…

**保護者の困りごと**

共感し、受容する

そのために

**保護者目線に立つとは**

① 保育者も困っているかもしれない
② どうしていいかわからないかもしれない
③ 周囲からも非難されているかもしれない

**「かもしれない」の目線を持つ**

Point

- 保育者が思う以上に、保護者は困っていると考えた方がよい。
- 保護者が笑顔だからといって、「大丈夫」だと決めつけてはいけない。

## 3 早期発見・早期療育の難しさ

保護者が何でも相談できる環境作りが先決

第6章 特別な支援が必要な子どもの保護者支援

### 子どもの発達の遅れなど保護者は気づいていることが多い？

　支援が必要な子どもの場合、保育者は一日でも早く保護者に子どもの様子を伝え、そして、障がいの早期発見・早期療育を勧めたいところです。多くの保育者はどのように保護者に子どものことを伝えたらよいか、どうして保護者は自分の子どものことなのに気がつかないの？と思うこともあるでしょう。当然、保育者は専門性の視点から、他の子どもとの違いや発達の遅れなどを感じ取ることは重要です。しかし、支援が必要な子どもの保護者の多くは、自分の子どもの発育・発達や行動に違和感を持っていたり、障がいがあるのではないかと感じていたりしながらも、子どもの障がいを否定しながら生きています。保護者自身も悩みを抱えていることを理解しなければなりません。

### 不安や悩みを抱える保護者が気兼ねなく、相談できる信頼関係を作る

　まずは、保護者の思いを受容・共感し寄り添うことが最も大切なことです。保護者は子どもの今の生活だけでなく、将来への不安も抱え子どもの人生までも心配しているのです。それでも前に進まなければいけないと考え、子どもの困りごとや障がいを受容し、やっとの思いで現実を受け止めようとしているのです。

　保育者は、そのような保護者の思いを知らなければ、適切な保護者支援はできません。今、何を伝えるべきか、よりも、今、保護者と子どもにどのような支援をするべきかを考えることが重要であり、不安や悩みを抱える保護者が気兼ねなく、相談できる信頼関係を作ることが求められます。

## 保護者は、「事実」よりも「方法」を知りたがっている

**何を伝えるべきか** ではなく、 **どのような支援をするべきか**

| 伝えることに目がいくと | 支援の方に目を向けると |

行動面で何か気になるわ…

どう言おう
なんて言おう
何から言おう

こうしよう
こうしてもらおう
これでいこう

**言いにくい** / **前向きになる**

保護者にも想像がつく / 希望を持つことができる

そんなこと
わかってる

そっか
そうして
みよう

保護者は、「事実」よりも「どうしたらいいか」が知りたい。

### Point

- 「信頼関係」を作るためには、保護者には今、何が必要なのかを考えること。
- 保護者が相談したくなるためには、常に前向きな答えを準備しておくこと。

子どもや親の困りごとを支える

# 4 特別な支援（配慮）が必要な子どもへのかかわり

## すべての子どもを支える支援

　子どもは障がいのあるなしにかかわらず、一人ひとり個別性があります。つまり、特別な支援が必要な子どもと考えるのではなく、すべての子どもの困りごとや欲求に対して適切な支援をしていくことが必要です。その中で、特別な支援が必要な子どもの場合は、その子どもの困りごとをみつけ対応することが大切です。たとえば、上手に他の子どもと遊ぶことができない、かかわりが難しい子どもの場合、それは、子どもの困りごとでもあるのです。どのような配慮が必要かを考え、子どもの発達段階から、その子どもの成長発達を促すような環境を構築することが大切です。

　例えば、走らないでほしい時など、「歩いて」など行動を具体的に伝える、また、言葉では伝わりにくい場合は絵や写真、マーキングなど視覚で伝える工夫（構造化）をする、などがあります。

## 保護者を支える

　特別な支援が必要な子どもの保護者にとって、子どもの障がいや気になる行動など不安や心配になる要素は多々あります。同時に、子どもの今だけでなく、将来の生き方についても責任や不安を感じてしまうことがあります。そんなときに、保護者の支えになるのが、最も身近な存在である保育者です。保護者の不安を和らげることは簡単なことではありません。子どもの将来に見通しを持つことができるような支援が必要ですが、その前に、保護者が頼れる保育者であることが必要でしょう。保護者が自身の悩みや不安を打ち明けることができ、共に考え子どもの成長に寄り添える、そんな保育者であってほしいと思います。

## 特別な支援（配慮）の本当の意味

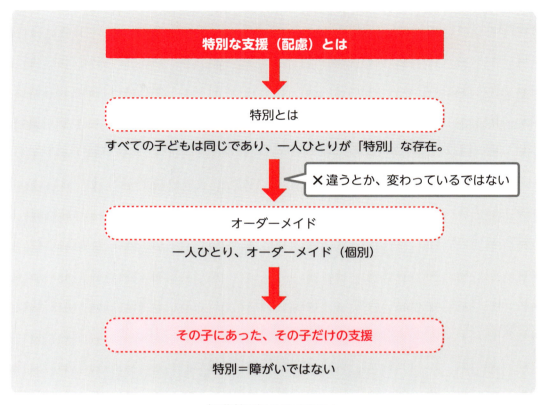

**特別な支援（配慮）とは**

↓

**特別とは**

すべての子どもは同じであり、一人ひとりが「特別」な存在。

×違うとか、変わっているではない

↓

**オーダーメイド**

一人ひとり、オーダーメイド（個別）

↓

**その子にあった、その子だけの支援**

特別＝障がいではない

<u>保護者に伝えるべきこと</u>

**「特別な支援」とは、強制や治療、修正ではない**

障がいがあっても、なくても、すべての子どもに「特別な支援」がいる。

- 「特別」の意味を保育者がどのようにとらえるかで、保護者の不安は変わる。
- 「特別」とは、「世界に一人の大切な人」という意味である。

# 5 保護者のセルフヘルプ・グループの活用

子育て中の保護者同士が互いに支えあえる仕組み作り

第6章 特別な支援が必要な子どもの保護者支援

## 保護者同士の「相互交流」から問題を解決することもある

　子育て中の保護者は、それぞれ何らかの課題や悩みを抱えているといえます。そのような保護者同士がグループを作り、互いに悩みを語ったり、仲間を援助したりすることで、子育て中の保護者が互いに支え合うこと、これがセルフヘルプ・グループです。「子育てに悩んでいるのは、自分だけじゃないんだ！私の話をみんなが聴いてくれた！」など、子育ての悩みや孤独感、ストレスを互いに共有し受容することで、保護者自身の問題や課題を解決しようとする試みです。

## セルフヘルプ・グループの実践

　セルフヘルプ・グループは、特別な技術や学習は必要ではありません。自分の思いや感情を素直に表現し、グループメンバーと共有し理解する気持ちがあればいいのです。また、他の人の意見に真摯に耳を傾け、共感し受容する、そして、他者を素直に受け入れようとする気持ちを持つことで、互いが他者を認め合うことができるようになります。

　そこで、保育者の役割としては、セルフヘルプ・グループを立ち上げること、さらに、初めて経験する保護者が気軽に参加できるようにコーディネートすることが必要です。まず、グループへの参加者を決め（共通の悩みや問題を抱える保護者）、次に目標（情報交換なのか、ストレスを軽減することなのかなど）を設定し、実践では、少人数のグループ活動から始める方がよいでしょう。

　グループメンバーが気軽に遠慮なく発言や感情を出し合い、相互交流することができるように支援していくことが求められます。

## セルフヘルプ・グループとは

### セルフヘルプ・グループ

悩みや困りごとを持つ保護者同士がグループを作り、互いに悩みを語ったり、仲間を援助したりすることで、互いに支え合う。

### 保育者の役割

❶ セルフヘルプ・グループを立ち上げる

↓

❷ コーディネートする

- 参加者（共通の悩み、問題を抱える保護者）を決める。
- 目標（情報交換なのか、ストレス軽減なのか）を決める。

↓

❸ 気軽に・遠慮なく発言できるように支援する

**Point**

- 「今の思い」をわかちあうことが目的。さまざまな「今の思い」を共有できる。
- 初めての方でも気軽に参加できるように工夫をこらすことが大事。

ソーシャルワークの視点を活用した支援①

# 支援とは「治す」ことではない

 「なぜ、先生は、医療受診を勧めるのですか？？」

> 園での集団生活の中で気になる様子がみられる男の子がいます。落ち着きがなく、こだわりが強く、なかなか指示どおりに動くことができないので、園全体で検討した結果、保護者へ伝えて、医療機関での受診を勧めることにしました。なるべく、保護者を傷つけないように配慮してお話したつもりですが、保護者から「なぜ、先生は、医療受診を勧めるのですか？。診断名をなぜ付けたがるのですか？？」と強い口調で言われてしまいました。
> 「早めに対応したら、治る点も多いですよ。」と伝えるのに精一杯でした。

## なぜ支援が必要なのか？なぜ他機関との連携が必要なのか？

「気になる点」がある子に、なぜ医療受診を勧めるのか？それは「誰のため」で何が目的なのか、その点が先生自身の頭の中できちんと整理されていなければ、保護者へ伝える際に、その目的や理由があいまいになり、トラブルになることも多いようです。

医療受診を勧める目的、それは「診断名をつけてもらうこと」でも「治療すること」でもありません。それは、「子どもがいきいきと過ごせる環境作りのためのヒントを得ること」です。注意しなければならない点やより良く過ごすための「アドバイスをもらうこと」が目的なのです。「支援」とは、「いきいき過ごすためのサポート」なのです。

今の生活の中での、どういった点があるために、「いきいきと過ごせないのか」、そのためには、どうしたらよいのか、もし、この場所でいきいきと過ごすことができないのなら、もっと、その子にあった場所はないのか？それを知るために、支援し、他機関との連携の中でみつけ出すことが目的なのです。

そのためには、保護者のこうなってほしいという思いを伺うだけでなく、保護者に対して「言葉にはできないその子の思い」を代弁することが保育者の重要な役割なのです。

## 「支援」とは障がいをなくすことではない

支援をするとは

**子どもが、いきいきと過ごせる環境を作り出すこと**

「障がい」を減らすために、**どこかを紹介することではない**

どこかを「紹介する」という考え方から

↓

**「その子にあった場所」を探し出すという考え方**

常に「その子と家族のニーズ」をみつめた積極的な支援が大切。

Point

- 保護者のこうなってほしいという「思い」を大切にする。
- 単に「つなぐ」という考え方ではなく、支援の「輪」を作るようにサポート。

# 7 ソーシャルワークの視点を活用した支援②
## 輪のように「つなぐ」ことが大事

**事例** 他機関に「つないだ後」は、ノータッチはNG！！

先日、園から福祉課につなぎ、その後の相談で、発達障がいの支援を専門とする療育機関をご紹介された保護者の方がいらっしゃるのですが、どうやら、その後もまた別の機関を紹介された様子でした。園としては、他機関に紹介したので、あまり口を出さない方が良いかと思っていたのですが、どうやら保護者は、たらい回しにされて、ほったらかしにされたと思っていらっしゃるようで、園とのかかわりを避けるようになりました…。

### 「つなぐこと」よりも「つなぎ方」が大事なのです

　園から保護者へ、福祉や医療機関などの他機関を紹介することは保育所としてとても大切な役割です。他機関との連携、「つなぐ」という視点はソーシャルワークそのものです。

　ただし、一つ忘れてはならないことがあります。それは、==保護者にとっては、「つなぐ先」よりも「つながれ方」の方が大きく影響するということ==です。

　保護者にとっても、子どもにとってもどんなに『良い場所』を紹介されたとしても、うまく園と機関が連携が取れていないために、粗雑な対応をされたり、つながれ方が悪く、連絡が取れていないなどで不安感を抱いてしまうと、その他機関紹介は、かえってマイナスに作用してしまいます。

　他機関を紹介されるというだけでも不安なのに、うまく連絡がいっていないとなると、ますます不安になってしまいます。さらに、そこから次へと他機関へ回されてしまうと、保護者からすると「たらい回しにされた」ととらえられても仕方ありません。

　園も他機関を紹介した後は、どうしても任せきりになってしまい、その後のやりとりへのかかわりや他機関への進捗状況の確認を行うことが少なくなってしまうのが現実です。

　==直接的に機関へ連絡することがないとしても、保護者へは、進捗状況の確認や何かあった際には園からもフォローできることを伝えてあげる心配りも大切です==。

第6章　特別な支援が必要な子どもの保護者支援

## 「つなぐこと」よりも「つなぎ方」が大事

**つなぐ**

| 直線的に | 輪のように |
|---|---|

ロープのように

うまくいかないと、たらい回しになる

ネックレスのように

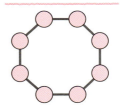

最後は、自分のところに戻してもらう「つなぎ方」が理想的

**最初に受けた人は、最後の確認までを行うことが大事。**

**Point**
- 「つなぐ」とは、単なる紹介ではなく、園としての「思い」もつなぐことである。
- 保護者へは、常に気にかけているというメッセージを伝えること。

ソーシャルワークの視点を活用した支援③
## 「達成感」を感じる支援を心掛ける

第6章 特別な支援が必要な子どもの保護者支援

 保護者への支援プランを作るなら、「達成感」を優先する

> 保護者からの相談にも熱心に応える、いつも一生懸命な保育士のA先生。他の子よりも落ち着きがなく、注意が不足がちな男の子が気になり、保護者へ、家庭生活の中でできることを提案するために「支援のプラン」を考えていました。保護者も大変喜んでいる様子で、できる限り家庭でも実施したいと前向きな姿勢で対応されていました。
> しかし、A先生からの提案が、どうも家庭でうまくできないようで、保護者は少し落ち込まれた様子。自信をなくしてしまったようです。A先生も、「このプランだと絶対できるはずなのに」と自信を持って提案したものがうまくいかずに、ご自身も落ち込まれた様子でした。

### うまくいかなかった時の「挫折感」をいかに減らすかがポイント

　子どもたちへ何か課題を与えて取り組んでもらうことも、保護者へ何かを提案し、取り組んでもらうことも、基本的には「やり方」は同じです。
　取り組んでもらう目的。それは「自信を持ってもらうこと」です。「自信」を持ってもらうことで、積極的な気持ちになり、自ら課題へ取り組もうという意識も芽生えてきます。
　そのためには、うまくいかなかった時の「挫折感」をいかに減らすかが重要なポイントになります。保護者へ何らかのプランを提案する際には、いくつかのプランを用意します。「挫折感」を減らすために、これが駄目でもこれがあるといった、バックアップを準備しておくことで、保護者に達成感を感じてもらうことができます。
　ソーシャルワークの中では、支援に対しての「プラン」を作ることもありますが、そのプラン作りは、どうしても支援者の「思い込み」で作られてしまうこともあります。それを防ぎ、保護者にとっても、自信を育むプランにするためには、その方が、「できること」に視点を置いた提案やプラン作りを行うことが大切です。

## 支援プランには、「バックアップ」が必要

```
           「支援プラン」
        ↙      ↓      ↘
   プランA    プランB    プランC
  少し努力が必要  今より少しだけ  これはできる、
  がんばらないと  がんばると達成  という最低限の
  いけないプラン  できるプラン    プラン
   （達成感）    （達成感）    （達成感）
```

「支援プラン」を考える時、3つのプランを考えるとうまくいく

支援の際に大切なのは、うまくいかなかった時の「挫折感」をいかになくすか。

Aが駄目でも、Bがある。Bが駄目でも、Cがある。

### 「挫折感」を減らすことができる

**Point**

- 「達成感」が「自信」を育み、その「自信」こそが、問題へ向き合う力となる。
- 保育者の「子どもへの働きかけ」のやり方は、保護者支援でも十分に役立つ。

## 9 ソーシャルワークの視点を活用した支援④
# 「自己決定」を支えるのが役割

**事例** 保護者の「自己決定」を支えるのが保育者の役割

> とても悩んでいる様子の保護者の方が相談にいらっしゃいました。「どうしていいか、わからないのです・・」とかなり落ち込んだ様子です。お話を伺っていると、子どもの療育について悩んでいる様子で、専門の医療機関からの助言や福祉の担当者からの助言、また家族からのさまざまな意見の中で、どういう方向で結論を出すのが、子どもにとっても家族にとっても良いのかがわからないとのこと。園としては、どのようにアドバイスし保護者を支えたら良いか、非常に迷ってしまいました。

## 「保護者の決断」を支持し、尊重することを伝えることが大事

　保護者が、子どもの療育について、同居の家族や遠方の祖父母などとの意見の違いや、医療機関や関係機関の医師や先生からの助言に対して、どうしても自分なりに「納得すること」ができずに、迷い、悩んでしまうことがあります。

　そうしたときに、園に相談にいらっしゃって、アドバイスを求めたり悩みを相談されることもあります。そのときに、保育者として、どうアドバイスし、支えたらよいのか、保育者自身も悩み迷ってしまうものです。

　==保育者として忘れてはならないこと。それは、常に「保護者を支持し、尊重する」という姿勢==です。そして、そのことを保護者に伝えることが大事なのです。

　100％完璧な決断、完全な決断というのは、誰にもわからないものです。ただ、「納得」がいくかどうかという視点でのみ考えたとしたら、==「自分自身で決めたこと」ほど「納得のいく答え」はないはずです==。

　「保護者が納得できる決断」を支持し、それについてのサポートを行うことが保育者の役割なのです。

## 「自分たちで考えて、決断した」という納得感が大事

あきらめて仕方なく…　　　言われたからそうした…

**最終的な「決断」をするのは、家族であり保護者**

そのためにできること

保育者としての支援

- 保護者の話に耳を傾け、共に考える。
- 「自分たちで選んだんだ」という自信を育む。
- 保護者の納得できる選択を常に指示する。

Point

- 「納得できる選択」は、保護者の自己肯定感を高める。
- 関係機関との連携や調整の際には、保護者の立場で考えることが大切。

memo

第 **7** 章

# 保育所保育指針から保護者支援・子育て支援を読み解く

# 1 保育所保育指針と保護者支援・子育て支援

保育所保育指針からみた保護者支援

## 保育所の特性を生かした支援が求められる

　改正保育所保育指針では新たに、第4章「子育て支援」が設けられました。そこでは、保育所に入所する子どもの保護者に対する支援及び地域における子育て支援について定められています。特に、保育所の特性を生かした支援、子どもの成長の喜びを共有、保護者の養育力の向上に結びつく支援、地域の資源の活用など、保護者に対する支援の基本となる事項が明確に示されています。

　このように、保育所保育指針では、保育所の役割として「子育て支援」が位置付けられ、保育所における保護者支援は保育士の業務であり、保育士の専門的知識と技術を生かした子育て支援が期待されています。子どもの保育と保護者の支援は一体的であることに留意しておく必要があるでしょう。

## 保育所における保護者に対する支援の基本

　では、保育所における保護者に対する支援の基本はどのように明示されているのでしょうか。❶子どもの最善の利益を考慮し、子どもの福祉を重視すること。❷保護者とともに、子どもの成長の喜びを共有すること。❸保育に関する知識や技術などの保育士の専門性や、子どもの集団が常に存在すること等の保育環境など、保育所の特性を生かすこと。❹一人ひとりの保護者の状況を踏まえ、子どもと保護者の安定した関係に配慮して、保護者の養育力の向上に資するよう、適切に支援すること。❺子育て等に関する相談や助言に当たっては、保護者の気持ちを受け止め、相互の信頼関係を基本に、保護者一人ひとりの自己決定を尊重すること。❻子どもの利益に反しない限りにおいて、保護者や子どものプライバシーの保護、知り得た事柄の秘密保持に留意すること。❼地域の子育て支援に関する資源を積極的に活用するとともに、子育て支援に関する地域の関係機関、団体等との連携及び協力を図ること。以上が保護者への支援の基本として示されています。

## 保育所における『保護者』に対する支援の基本

- ❶ 子どもの最善の利益
- ❷ 保護者との喜びの共有
- ❸ 知識・技術・特性を生かす
- ❹ 一人ひとりへの適切な支援
- ❺ 保護者の自己決定の尊重
- ❻ 秘密保持・プライバシー保護
- ❼ 地域との連携・協力

保育所の特性を活かした支援が求められている。

Point
- 保護者に対する支援は、子どもに対する支援につながっている。
- 保護者支援を新たに規定しなければならないくらい子育て環境は変化している。

# 2 保育所保育指針

保護者支援を読み解く

## 保育所が遵守すべき最低基準として位置付けられている

　保育所保育指針は告示化され、すべての保育所が守るべき最低基準として位置付けられることになりました。その背景には、①子どもたちが家庭や地域社会で人とかかわる経験が少なくなったり、生活リズムが乱れたりするなど、子どもの生活環境が変化したこと。②保護者については、子育ての孤立や子どもに関する理解不足などから、不安や悩み、ストレスを抱える保護者が増加した結果、家庭の養育力が低下するなど子育て環境が変化したことが挙げられます。つまり、子どもが育つ環境と子育て環境の双方に課題を抱える社会となってきているのです。そのような中で、保育所に期待される役割は深化・拡大してきています。

　その一つが保護者支援であり、保育所に入所している子どもの保育とともに、その保護者に対する支援がいっそう求められ、同時に地域に暮らす子どもやその保護者への子育て支援についても役割を担うことが期待されてきています。

## 保護者支援は子どもの最善の利益のために…

　保護者支援の最大の目的は何なのでしょうか。それは「子どもの最善の利益」です。子どもの育ちと家庭環境は大きくかかわっています。保護者が安心して子どもと向き合い、子どもに適切な養育を行うことで子どもの育ちが保障されます。つまり、子どもの育ちを保障すること、そのためには、保護者の子育てに適切にかかわり支援していくことが求められるのです。支援にあたっての留意事項はいくつかありますが、その中でも①保護者の個別性を理解すること、②保護者の自己決定を支えることは重要な視点です。

## 『保育所保育指針』からわかる社会環境の大きな変化

**保育所保育指針**

保育所が遵守すべき最低基準としての位置付け

**保育所に期待される役割**

ますます大きくなっている

その理由として

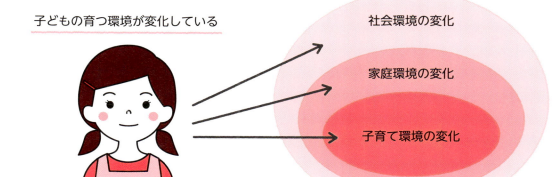

子どもの育つ環境が変化している

- 社会環境の変化
- 家庭環境の変化
- 子育て環境の変化

Point

- 子どもの育つ環境の変化は、大きく、また複雑になってきている。
- 目の前の子どもたちの「育ち」は、この環境の変化から大きな影響を受けている。

# 3 保育所・保育士の責務（法的根拠及び倫理綱領）

保育所・保育者の役割を考えよう

## 子どもにかかわる法律との関係

　児童福祉法第18条の4では、保育士について以下のように定義しています。「保育士の名称を用いて、専門的知識及び技術をもつて、児童の保育及び児童の保護者に対する保育に関する指導を行うことを業とする者をいう。」また、児童福祉法第48条の4では、「保育所が主として利用される地域の住民に対してその行う保育に関して情報の提供を行い、並びにその行う保育に支障がない限りにおいて、乳児、幼児等の保育に関する相談に応じ、及び助言を行うよう努めなければならない。」と示されています。このように、法的においても、保育士には保護者に対する支援と限定的ながら地域の子育て家庭に対する子育て支援が求められているのです。つまり、保育士には子どもの保育と同時に子育て中の保護者への支援の役割が求められ、期待されています。

## 保育士に求められている倫理

　また、全国保育士会倫理綱領では、保育士の職務に対する基本的な考え方である原理・原則を示しています。その中に、子どもの最善の利益の尊重、子どもの発達保障、保護者との協力、プライバシーの保護、チームワークと自己評価、利用者の代弁、地域子育て支援、専門職としての責務があること、そして、保育の仕事に誇りと責任をもって、自らの人間性と専門性の向上に努め、一人ひとりの子どもを心から尊重することが重要であると示されています。

　保育士が専門性を高めるためには、適切な研修体系を構築し、学び続ける意識と環境の整備が必要でしょう。また、専門性の向上と同時に、人間性の向上に資する取り組みが重要となっています。

## 『保育所・保育士の責務』（法的根拠）

**児童福祉法第18条の4**　保育士について

「保育士の名称を用いて、専門的知識及び技術をもって、児童の保育及び児童の保護者に対する保育に関する指導を行うことを業とするものをいう」

**児童福祉法第48条の4**　地域の子育て支援について

「保育所が利用される地域の住民に対してその行う保育に関して情報の提供を行い並びにその行う保育に支障がない限りにおいて、乳児、幼児の保育に関する相談に応じ、及び助言を行うよう努めなければならない」

**子どもの保育と保護者支援の役割**

法律的にも求められている。

### Point

- 法律的にも求められているということは、専門性が認められている証拠。
- 人を育てる仕事である以上、「倫理的な面」も求められている。

## 4 保育所・保育士の子育て支援

保育所の子育て支援は子どものかかわりからスタートする

第7章 保育所保育指針から保護者支援・子育て支援を読み解く

### 保育士の子育て支援は子どもの健やかな育ちを支えること

　保育士の保護者支援を保育所保育指針（第4章）から考えてみましょう。まず、保育士の保護者支援の目的は子どもの最善の利益を、ということです。家庭や保護者の子育てに問題や課題がある場合に、子どもが健やかに育つために、必要な手助けをして子育てを支えることです。つまり、最終的には子どもが健やかに育つことを支えることなのです。

　そこで、実際の支援においては、保育士の専門性である保育の知識や技術、保育所の特性を生かすことが必要です。個別性のある保護者の状況を踏まえ、保護者と子どもの安定した関係を目指し、保護者の養育力を向上させるような支援が求められます。また、保護者への相談支援においては、保護者の気持ちを受け止め信頼関係を築き、保護者の自己決定を尊重することが大切です。そして、保護者からの相談において知り得た情報は秘密保持に努めること、地域社会や関連専門機関と連携及び協力を図ることも重要です。

### 保護者支援は普段の子どもや保護者とのかかわりを大切に…

　上記の基本を踏まえ、保育士の保護者支援は、子どもの保育と密接に関連した中で行われます。朝夕の子どもの送迎時のかかわりから、お便り帳といった記録物、研修会や各種イベントなど、保護者とかかわる機会は多様です。特に毎日の送迎時のちょっとした時間にいかに保護者とかかわることができるか工夫することも大切でしょう。また、お便り帳がある場合は、保護者のコメントから保護者の状況を把握することもできます。つまり、特別な相談を受けるという場面だけでなく、普段から保護者とのかかわりを大切にすることが重要なのです。

## 保育士の保護者支援の全体像と目指すもの

保育所保育指針（第6章の規定）

- 知識
- 技術
- 保育所の特性

↓

**保育士の保護者支援**

↓

**子どもの最善の利益**

↓

**子どもの健やかな育ちを支えること**

日頃の保育、保育所生活の中で実践していく。

Point
- 保育士は、「知識」「技術」「保育所の特性」を生かすことが大切。
- 「地域の保護者支援」も同様に、この3つをバランスよく展開していく。

現在の子育て環境を理解し支援につなげる

# 5 今求められる保育者の保護者支援・子育て支援

第7章 保育所保育指針から保護者支援・子育て支援を読み解く

## 子育て環境の変化への対応

　これまで述べてきたように、現在の子育て環境は、決してよいとはいえません。大丈夫だと思っていた保護者や家庭においても、いつ、どのようにして子育てが崩壊するかわからない状況にあるといえるでしょう。そこで、保育士には、子どもの日頃の姿を適切に観察し、子どもの小さな変化にも気づく力が必要です。家庭や保護者に問題や課題がみられる場合、その影響はすぐに子どもに表れます。子どものちょっとした変化に気づき、すぐに対応できるかどうかは保育者の専門性の一つです。日頃の子どもの保育から保護者や子どもの問題や課題を見いだす力を身に付けておきましょう。

## 子どもの問題行動の要因を考える

　子どもの変化は子ども自身の問題や課題から起こるのではなく、ほとんどは、家庭や保護者に起因するということを保育者は理解しておくことが必要です。子どもは家庭や保護者の状況によって、急に他の子どもに暴力的になったり、集団で行動することができなくなったり、集中力が続かないなど、行動や態度で心の状態を表します。また、洋服が汚れたまま、お風呂も入っていないように身体が汚れているなど、見るからに親と子どもがかかわっていない様子が見えたりすることもあります。

　保育士は、子育て中の保護者にとって最も身近で、かつ、子育ての知識と技術を持った専門家なのです。保護者が安心して子育て相談ができるよう、保育とソーシャルワークの専門性を身に付けていきましょう。

## 『子どものサイン』は、保護者からの『サイン』

子どもの表現

行動　　表情　　身なり

↓ 無意識のうちに表現している

サイン

「サイン」は、日頃の保育の中でみつけていく

↓

**子どものサインは、保護者からの「サイン」**

子どもの SOS は、保護者の SOS

Point
- 積極的に「見よう」としなければ見えないのが、子どもからのサイン。
- 「相談しない」のではなく、「できない」と考える視点を常に持っておく。

保育者の価値観や偏見が子どもや保護者のとらえ方を左右する

# 6 保育者の子育て支援の難しさ

## 子どもと保護者のとらえ方で対応が変わる

　保育者の保護者支援の難しさ、それは、保護者と子どもをとらえる際の感情的な部分にあります。たとえば、価値観の相違から嫌な親ととらえるのか、偏見を持って保護者と接するのか、どちらも感情的な部分での保護者のとらえ方です。

　また、子どもの日頃の様子から、「保護者のしつけが悪い」とみるか、「子どもの発達過程」と考えるかでは、まったく対応が異なるのではないでしょうか。つまり、相談支援では、問題や課題を抱える保護者と子どもに、保育ソーシャルワークの知識や技術を使って、どのように働きかけるかは、保育者の保護者と子どものとらえ方によって影響を受けるのです。

## ソーシャルワークの価値を考える（人間尊重や社会正義）

　このとらえ方の基準となるのが、ソーシャルワークの原理・原則でもあるソーシャルワークの価値なのです。知識や技術といった専門性がいかに優れていても、人間の尊重、個人の尊厳、社会正義、誠実であること等の価値がおろそかになっていては適切な保護者支援はできません。これは簡単なようで難しく、自身の価値観や偏見などを知り、人権意識や確固たる倫理観が必要であるといえます。

　人が人を支援するということは、たやすいことではありません。特に、保護者支援のように間接的なかかわりが主となる場合は、子どもの最善の利益やそれを支える保護者の利益のために支援することを第一に考える力が必要です。子どもの大切な親を支え、寄り添う、そして、一緒に子育てを行っていく、といった情緒的な部分でも強いつながりが必要になってくるのではないでしょうか。

## 『どう見えるか』は、とらえ方によって変わるもの

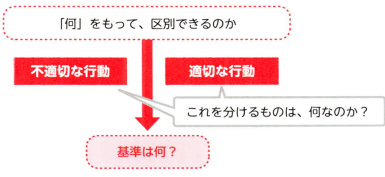

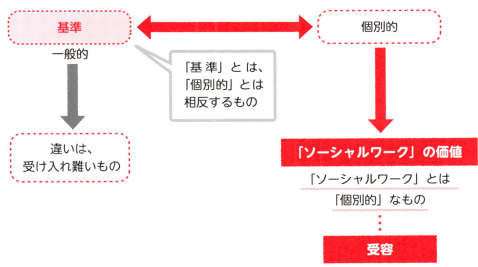

- 「受け入れる」ことがすべてのスタートであることを忘れてはならない。
- 「不適切」とは「誰にとって」不適切なのかを考えることが大事。保育者にとっては×。

## 付録1 保育所保育指針（2018年施行）

新保育所保育指針は、次の5章立てです。
そのうちの第4章が「子育て支援」です。

第1章　総則
第2章　保育の内容
第3章　健康及び安全
第4章　子育て支援
第5章　職員の資質向上

# 保育所保育指針（第4章）
2017年3月31日厚生労働省告示第117号、2018年4月1日施行

## 第4章 子育て支援

　保育所における保護者に対する子育て支援は、全ての子どもの健やかな育ちを実現することができるよう、第1章及び第2章等の関連する事項を踏まえ、子どもの育ちを家庭と連携して支援していくとともに、保護者及び地域が有する子育てを自ら実践する力の向上に資するよう、次の事項に留意するものとする。

### 1 保育所における子育て支援に関する基本的事項

**（1）保育所の特性を生かした子育て支援**

　ア 保護者に対する子育て支援を行う際には、各地域や家庭の実態等を踏まえるとともに、保護者の気持ちを受け止め、相互の信頼関係を基本に、保護者の自己決定を尊重すること。

　イ 保育及び子育てに関する知識や技術など、保育士等の専門性や、子どもが常に存在する環境など、保育所の特性を生かし、保護者が子どもの成長に気付き子育ての喜びを

感じられるように努めること。
(2) 子育て支援に関して留意すべき事項
　ア 保護者に対する子育て支援における地域の関係機関等との連携及び協働を図り、保育所全体の体制構築に努めること。
　イ 子どもの利益に反しない限りにおいて、保護者や子どものプライバシーを保護し、知り得た事柄の秘密を保持すること。

## 2 保育所を利用している保護者に対する子育て支援

(1) 保護者との相互理解
　ア 日常の保育に関連した様々な機会を活用し子どもの日々の様子の伝達や収集、保育所保育の意図の説明などを通じて、保護者との相互理解を図るよう努めること。
　イ 保育の活動に対する保護者の積極的な参加は、保護者の子育てを自ら実践する力の向上に寄与することから、これを促すこと。
(2) 保護者の状況に配慮した個別の支援
　ア 保護者の就労と子育ての両立等を支援するため、保護者の多様化した保育の需要に応じ、病児保育事業など多様な事業を実施する場合には、保護者の状況に配慮するとともに、子どもの福祉が尊重されるよう努め、子どもの生活の連続性を考慮すること。
　イ 子どもに障害や発達上の課題が見られる場合には、市町村や関係機関と連携及び協力を図りつつ、保護者に対する個別の支援を行うよう努めること。
　ウ 外国籍家庭など、特別な配慮を必要とする家庭の場合には、状況等に応じて個別の支援を行うよう努めること。
(3) 不適切な養育等が疑われる家庭への支援
　ア 保護者に育児不安等が見られる場合には、保護者の希望に応じて個別の支援を行うよう努めること。
　イ 保護者に不適切な養育等が疑われる場合には、市町村や関係機関と連携し、要保護児童対策地域協議会で検討するなど適切な対応を図ること。また、虐待が疑われる場合には、速やかに市町村又は児童相談所に通告し、適切な対応を図ること。

## 3 地域の保護者等に対する子育て支援

(1) 地域に開かれた子育て支援

　ア 保育所は、児童福祉法第48条の4の規定に基づき、その行う保育に支障がない限りにおいて、地域の実情や当該保育所の体制等を踏まえ、地域の保護者等に対して、保育所保育の専門性を生かした子育て支援を積極的に行うよう努めること。

　イ 地域の子どもに対する一時預かり事業などの活動を行う際には、一人一人の子どもの心身の状態などを考慮するとともに、日常の保育との関連に配慮するなど、柔軟に活動を展開できるようにすること。

(2) 地域の関係機関等との連携

　ア 市町村の支援を得て、地域の関係機関等との積極的な連携及び協働を図るとともに、子育て支援に関する地域の人材と積極的に連携を図るよう努めること。

　イ 地域の要保護児童への対応など、地域の子どもを巡る諸課題に対し、要保護児童対策地域協議会など関係機関等と連携及び協力して取り組むよう努めること。

## 幼保連携型認定こども園教育・保育要領
## （2018年4月1日施行）

幼保連携型認定こども園教育・保育要領は、4章立てです。そのうちの第4章が子育ての支援について記載されています。

第1章　総則
　第1　幼保連携型認定こども園における教育及び保育の基本及び目標等
　第2　教育及び保育の内容並びに子育ての支援等に関する全体的な計画等
　第3　幼保連携型認定こども園として特に配慮すべき事項
第2章　ねらい及び内容並びに配慮事項
　第1　乳児期の園児の保育に関するねらい及び内容　健やかに伸び伸びと育つ　身近な人と気持ちが通じ合う　身近なものと関わり感性が育つ
　第2　満1歳以上満3歳未満の園児の保育に関するねらい及び内容　健康　人間関係　環境　言葉　表現
　第3　満3歳以上の園児の教育及び保育に関するねらい及び内容　健康　人間関係　環境　言葉　表現
　第4　教育及び保育の実施に関する配慮事項
第3章　健康及び安全
　第1　健康支援
　第2　食育の推進
　第3　環境及び衛生管理並びに安全管理
　第4　災害への備え
**第4章　子育ての支援**
　第1　子育ての支援全般に関わる事項
　第2　幼保連携型認定こども園の園児の保護者に対する子育ての支援
　第3　地域における子育て家庭の保護者等に対する支援

# 幼保連携型認定こども園教育・保育要領（第4章）
2017年3月31日（内閣府・文部科学省・厚生労働省）告示、2018年4月1日施行

## 第4章　子育ての支援

　幼保連携型認定こども園における保護者に対する子育ての支援は、子どもの利益を最優先して行うものとし、第1章及び第2章等の関連する事項を踏まえ、子どもの育ちを家庭と連携して支援していくとともに、保護者及び地域が有する子育てを自ら実践する力の向上に資するよう、次の事項に留意するものとする。

### 第1　子育ての支援全般に関わる事項

1. 保護者に対する子育ての支援を行う際には、各地域や家庭の実態等を踏まえるとともに、保護者の気持ちを受け止め、相互の信頼関係を基本に、保護者の自己決定を尊重すること。
2. 教育及び保育並びに子育ての支援に関する知識や技術など、保育教諭等の専門性や、園児が常に存在する環境など、幼保連携型認定こども園の特性を生かし、保護者が子どもの成長に気付き子育ての喜びを感じられるように努めること。
3. 保護者に対する子育ての支援における地域の関係機関等との連携及び協働を図り、園全体の体制構築に努めること。
4. 子どもの利益に反しない限りにおいて、保護者や子どものプライバシーを保護し、知り得た事柄の秘密を保持すること。

### 第2　幼保連携型認定こども園の園児の保護者に対する子育ての支援

1. 日常の様々な機会を活用し、園児の日々の様子の伝達や収集、教育及び保育の意図の説明などを通じて、保護者との相互理解を図るよう努めること。

2 教育及び保育の活動に対する保護者の積極的な参加は、保護者の子育てを自ら実践する力の向上に寄与するだけでなく、地域社会における家庭や住民の子育てを自ら実践する力の向上及び子育ての経験の継承につながるきっかけとなる。これらのことから、保護者の参加を促すとともに、参加しやすいよう工夫すること。

3 保護者の生活形態が異なることを踏まえ、全ての保護者の相互理解が深まるように配慮すること。その際、保護者同士が子育てに対する新たな考えに出会い気付き合えるよう工夫すること。

4 保護者の就労と子育ての両立等を支援するため、保護者の多様化した教育及び保育の需要に応じて病児保育事業など多様な事業を実施する場合には、保護者の状況に配慮するとともに、園児の福祉が尊重されるよう努め、園児の生活の連続性を考慮すること。

5 地域の実態や保護者の要請により、教育を行う標準的な時間の終了後等に希望する園児を対象に一時預かり事業などとして行う活動については、保育教諭間及び家庭との連携を密にし、園児の心身の負担に配慮すること。その際、地域の実態や保護者の事情とともに園児の生活のリズムを踏まえつつ、必要に応じて、弾力的な運用を行うこと。

6 園児に障害や発達上の課題が見られる場合には、市町村やや関係機関と連携及び協力を図りつつ、保護者に対する個別の支援を行うよう努めること。

7 外国籍家庭など、特別な配慮を必要とする家庭の場合には、状況等に応じて個別の支援を行うよう努めること。

8 保護者に育児不安等が見られる場合には、保護者の希望に応じて個別の支援を行うよう努めること。

9 保護者に不適切な養育等が疑われる場合には、市町村や関係機関と連携し、要保護児童対策地域協議会で検討するなど適切な対応を図ること。また、虐待が疑われる場合には、速やかに市町村又は児童相談所に通告し、適切な対応を図ること。

## 第3 地域における子育て家庭の保護者等に対する支援

1 幼保連携型認定こども園において、認定こども園法第2条第12項に規定する子育て支援

事業を実施する際には、当該幼保連携型認定こども園がもつ地域性や専門性などを十分に考慮して当該地域において必要と認められるものを適切に実施すること。また、地域の子どもに対する一時預かり事業などの活動を行う際には、一人一人の子どもの心身の状態などを考慮するとともに、教育及び保育との関連に配慮するなど、柔軟に活動を展開できるようにすること。

2 市町村の支援を得て、地域の関係機関等との積極的な連携及び協働を図るとともに、子育ての支援に関する地域の人材の積極的な活用を図るよう努めること。また、地域の要保護児童への対応など、地域子どもを巡る諸課題に対し、要保護児童対策地域協議会など関係機関等と連携及び協力して取り組むよう努めること。

3 幼保連携型認定こども園は、地域の子どもが健やかに育成される環境を提供し、保護者に対する総合的な子育ての支援を推進するため、地域における乳幼児期の教育及び保育の中心的な役割を果たすよう努めること。

## 著者プロフィール

### 🍎 永野典詞（ながの てんじ）

保育ソーシャルワーク学会常任理事／社会福祉士／九州ルーテル学院大学教授。
保育士養成課程で教鞭をとる傍ら、保育ソーシャルワークの普及に日々尽力している。
[本書担当] 第1章〜第7章の解説を担当

【著作】「福祉教科書 保育士 完全合格テキスト 上 2014年版」（翔泳社）、
「保育ソーシャルワークのフロンティア」（晃洋書房）ほか。

### 🍎 岸本元気（きしもと げんき）

保育士／精神保健福祉士／保育ソーシャルワーカー／親と子のメンタルヘルス研究所所長。
メンタル不調時の子育て支援の専門家。メンタル不調（うつ病・パニック障害など）を抱えた保護者の方の子育て支援に特化したソーシャルワーク、カウンセリングを行う。保育現場や教育現場、企業内でも幅広く活動している。
[本書担当] 第1章〜第7章の図解と事例部分を担当

【著作】「0・1・2歳児の魔法の「言葉がけ」―こどもがすくすく成長する（若手保育者の指導力アップ）」、「こどものこころをグッとつかむ魔法のお話（若手保育者の指導力アップ）」（ともに（明治図書出版）

## 参考文献

- 子育て支援者コンピテンシー研究会（編）「育つ・つながる子育て支援－具体的な技術・態度を身につける32のリスト」チャイルド本社、2009年
- 藤巻幸夫「特別講義 コミュニケーション学」実業之日本社、2010年
- 柏女霊峰（監）橋本真紀・西村真実（編）「保護者支援スキルアップ講座　保育者の専門性を生かした保護者支援－保育相談支援（保育指導）の実際」ひかりのくに、2010年
- 伊藤良高・永野 典詞・中谷 彪(編)「保育ソーシャルワークのフロンティア」晃洋書房、2011年

| | | |
|---|---|---|
| ●装丁・デザイン | ハヤカワデザイン | |
| | 早川いくを　高瀬はるか | |
| ●シリーズロゴ | 島津デザイン事務所 | |
| ●カバーイラスト | はったあい | |
| ●本文イラスト | 江崎知子 | |
| ●DTP | BUCH⁺ | |

### 保育士・幼稚園教諭のための
### 保護者支援 〜保育ソーシャルワークで学ぶ相談支援 [新版]

2016年11月25日　初版第1刷発行
2022年6月1日　初版第4刷発行

| | |
|---|---|
| 著　者 | 永野典詞／岸本元気 |
| 発行所 | 株式会社風鳴舎 |
| | 〒170-0005　東京都豊島区南大塚2-38-1　MID POINT 大塚6F |
| | 電話　03-5963-5266 |
| 印刷・製本 | 奥村印刷株式会社 |

・本書は著作権法上の保護を受けています。本書の一部または全部について、発行会社である株式会社風鳴舎から文書による許可を得ずに、いかなる方法においても無断で複写、複製することは禁じられています。
・本書へのお問い合わせについては上記発行所まで郵送にて承ります。乱丁・落丁はお取り替えいたします。

©2016 Tenji Nagano, Genki Kishimoto
ISBN978-4-907537-00-5 C3037
Printed in Japan